Hans-Günter Heumann   Deutscher Text

Children's Disney Piano

**Die schönsten Disney Hits
in leichten Bearbeitungen
für Klavier**

Disney characters and artwork © Disney Enterprises, Inc.

ISBN 978-0-634-06017-5

**Walt Disney Music Company
Wonderland Music Company, Inc.**

DISTRIBUTED BY

7777 W. BLUEMOUND RD. P.O. BOX 13819 MILWAUKEE, WI 53213

For all works contained herein:
Unauthorized copying, arranging, adapting, recording or public performance is an infringement of copyright.
Infringers are liable under the law.

Visit Hal Leonard Online at
www.halleonard.com

Children's Disney Piano

INHALT

16	**Bella Notte**	Susi und Strolch
46	**Das Farbenspiel des Winds**	Pocahontas
30	**Die Schöne und das Biest**	Die Schöne und das Biest
56	**Dir gehört mein Herz**	Tarzan
44	**Du hast 'n Freund in mir**	Toy Story
18	**Ein Löffelchen voll Zucker**	Mary Poppins
34	**Ein Traum wird wahr**	Aladdin
10	**Flieg' ins Glück**	Peter Pan
4	**Ich hab' ihn im Traum gesehen**	Cinderella
52	**Ich werd's noch beweisen**	Hercules
26	**In deiner Welt**	Arielle, die Meerjungfrau
40	**Kann es wirklich Liebe sein**	Der König der Löwen
7	**Katzen brauchen furchtbar viel Musik**	Aristocats
22	**Probier's mal mit Gemütlichkeit**	Das Dschungelbuch
14	**Traum-Walzer**	Dornröschen

ICH HAB' IHN IM TRAUM GESEHEN

aus dem Walt Disney-Film CINDERELLA

Text und Musik: MACK DAVID, AL HOFFMANN und JERRY LIVINGSTON
Deutscher Text: CHRISTINE LEMBACH
Arr.: HANS-GÜNTER HEUMANN

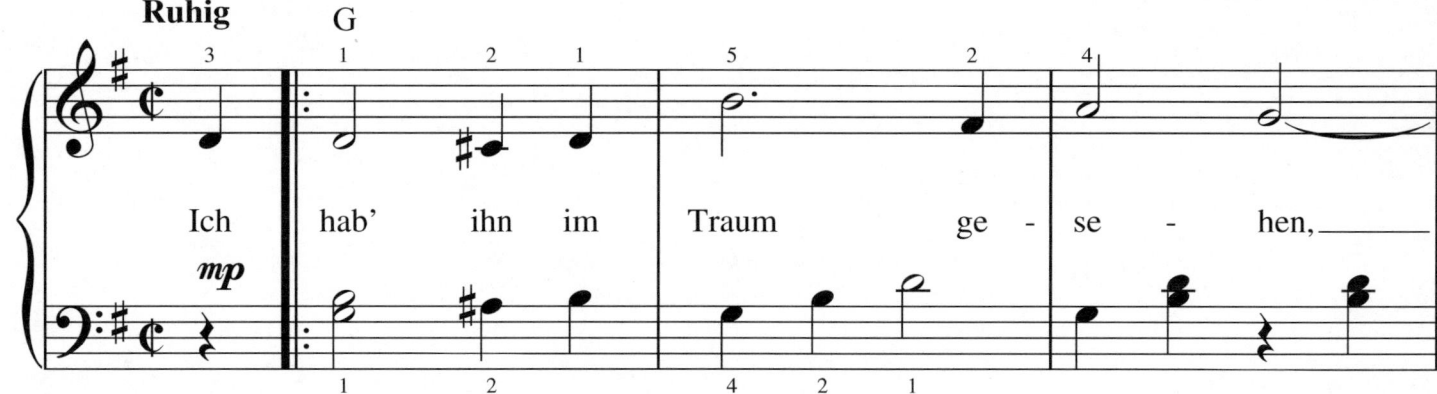

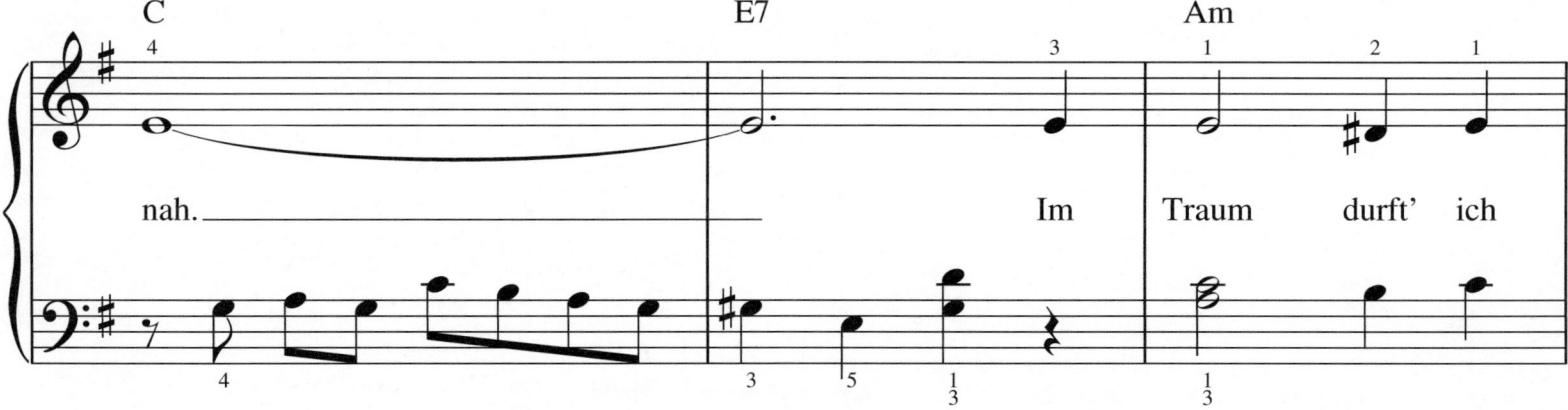
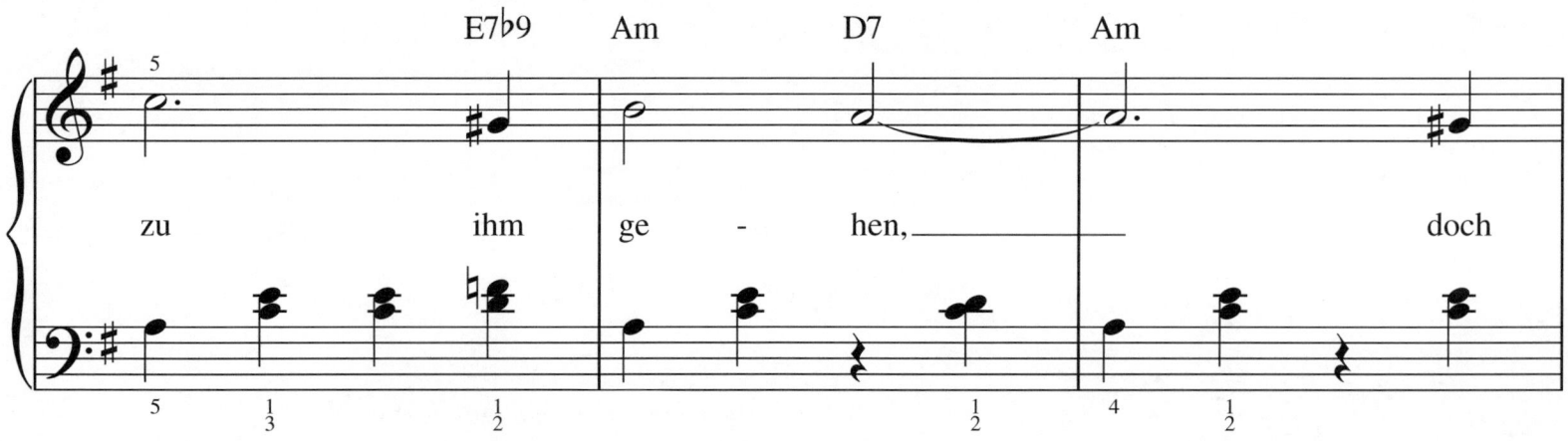

© 1948 Walt Disney Music Company
Copyright Renewed
All Rights Reserved   Used by Permission

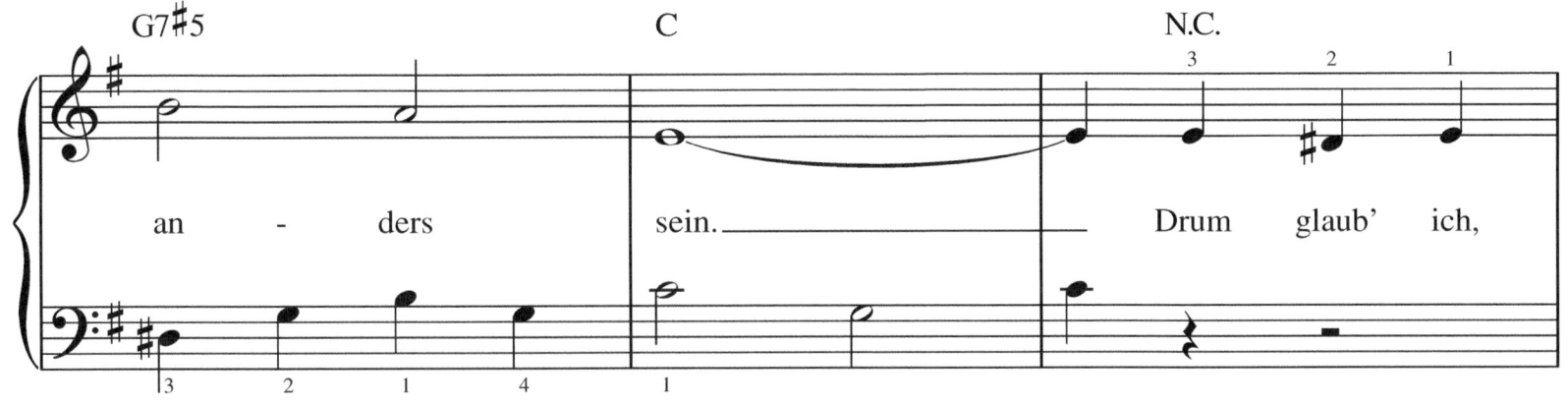

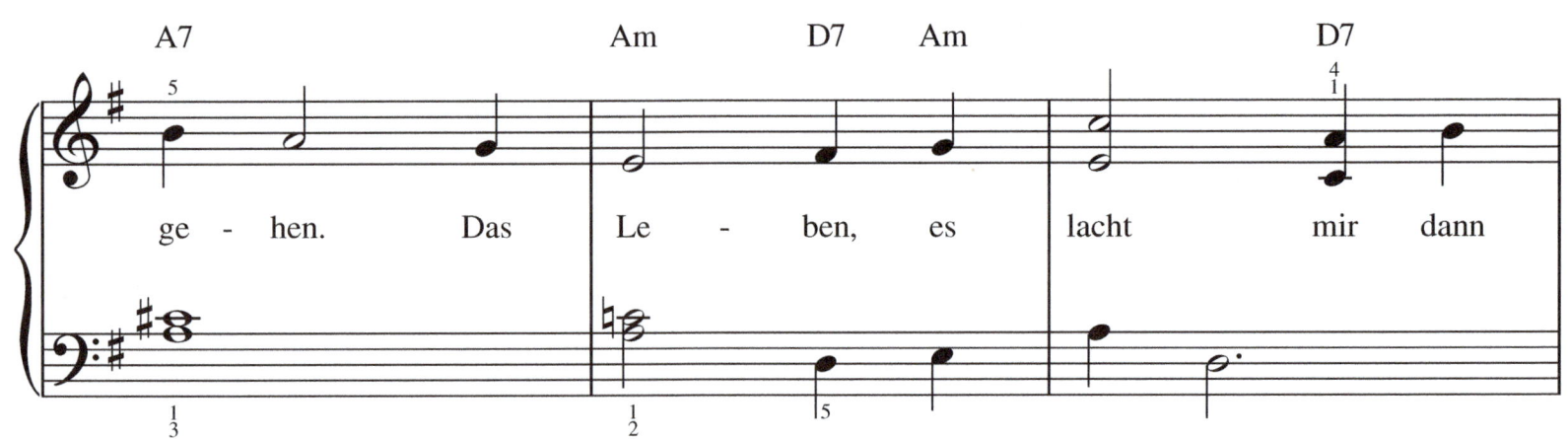
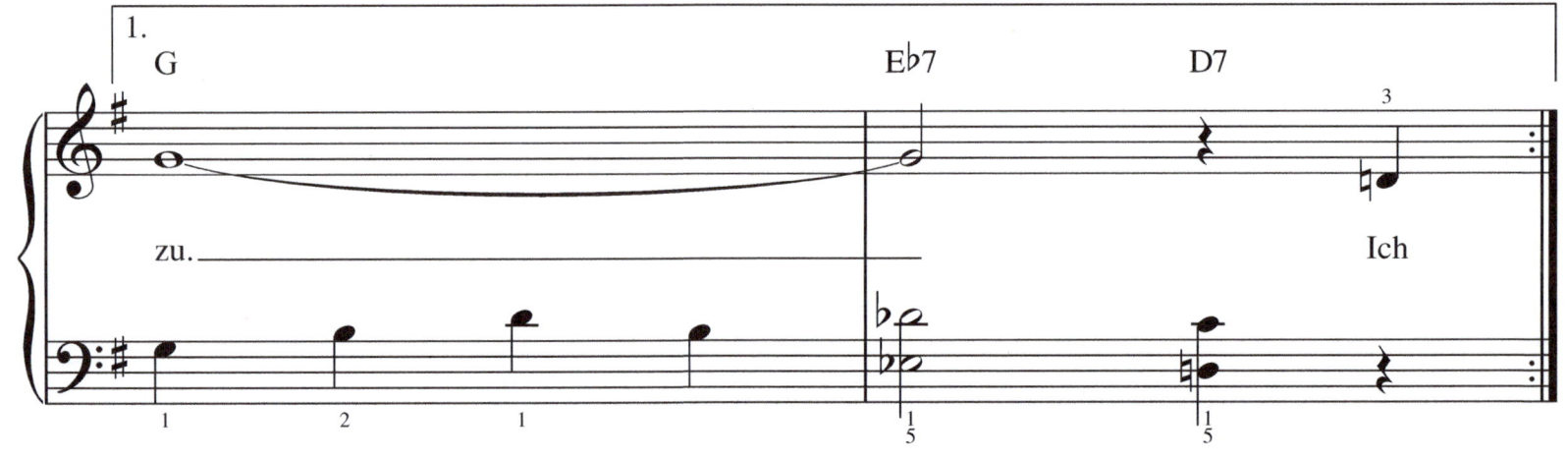
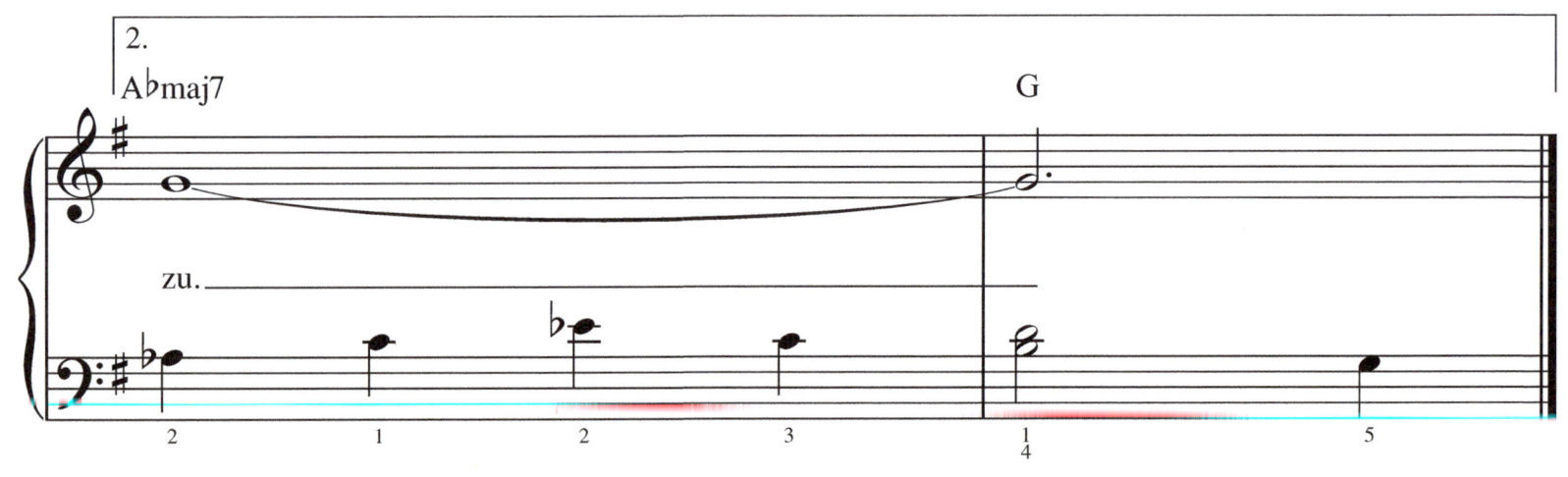

KATZEN BRAUCHEN FURCHTBAR VIEL MUSIK
aus dem Walt Disney-Film ARISTOCATS

Text: FLOYD HUDDLESTON
Musik: AL RINKER
Deutscher Text: HEINRICH RIETHMÜLLER
Arr.: HANS-GÜNTER HEUMANN

Fröhlich

Kat-zen brau-chen furcht-bar viel Mu-sik, Mu-sik und ein ganz klei-nes Stück vom ganz gro-ßen Glück.

Je-der-mann liebt Kat-zen-mu-sik und pfeift gleich mit.

Die and-re Mu-sik ist nur Ver-schnitt! Ein

© 1968 Walt Disney Music Company
Copyright Renewed
All Rights Reserved   Used by Permission

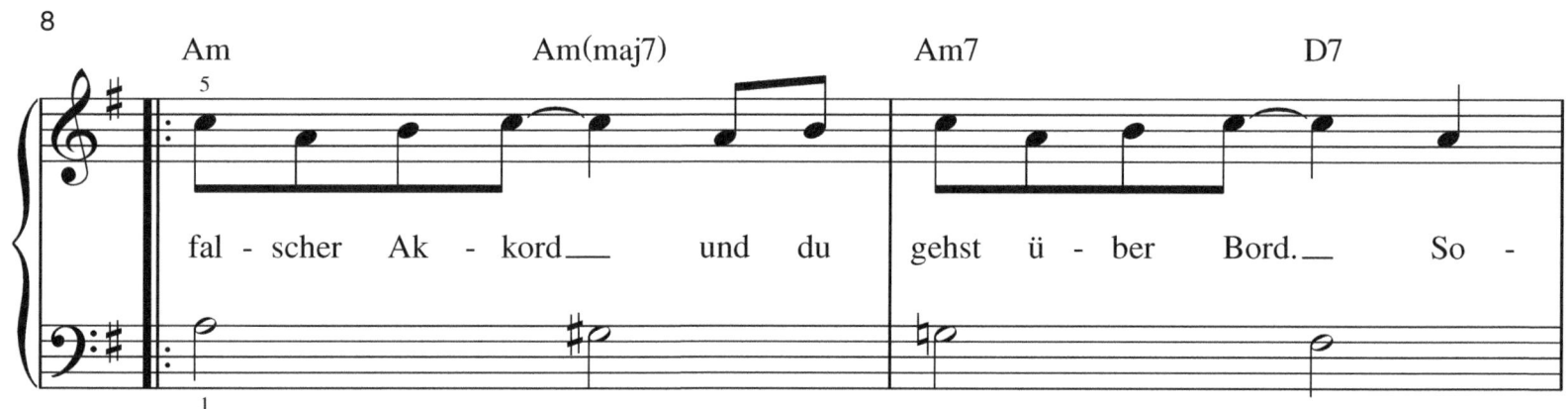

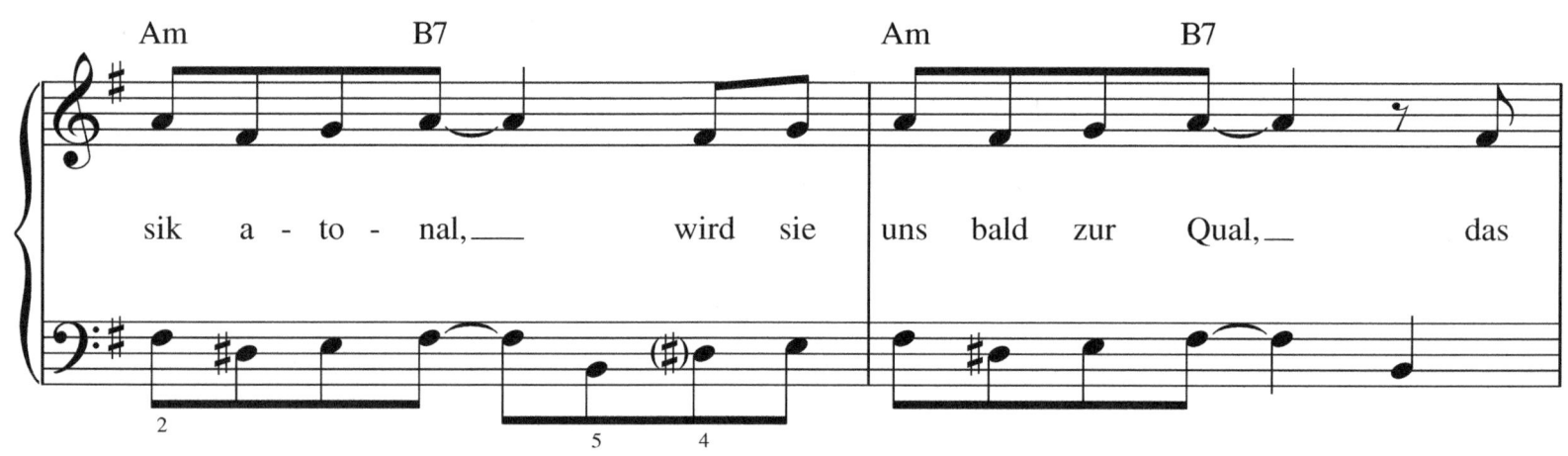
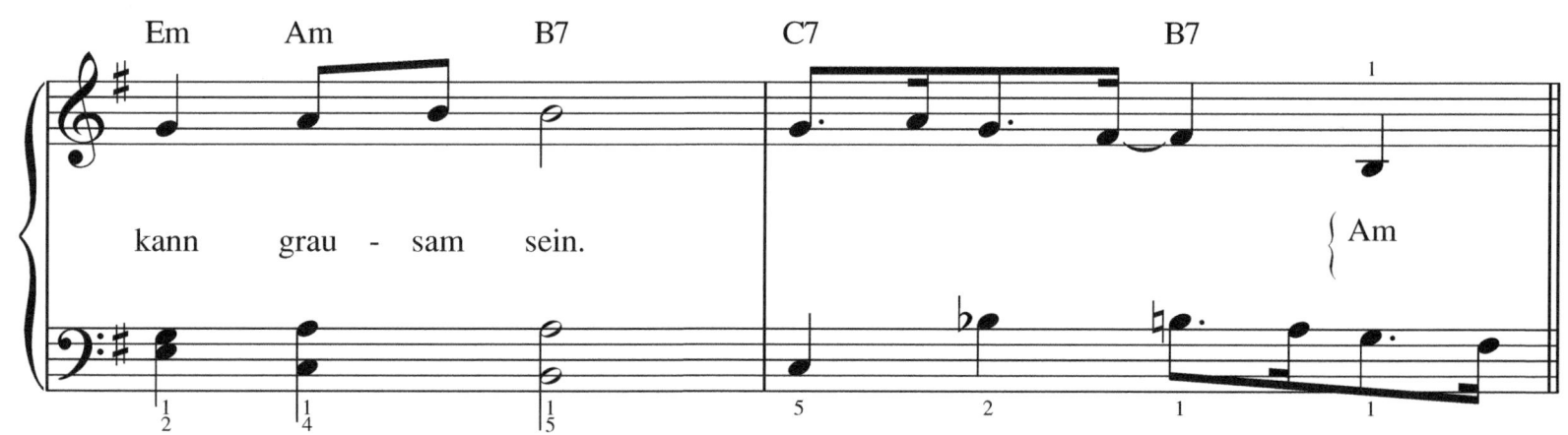

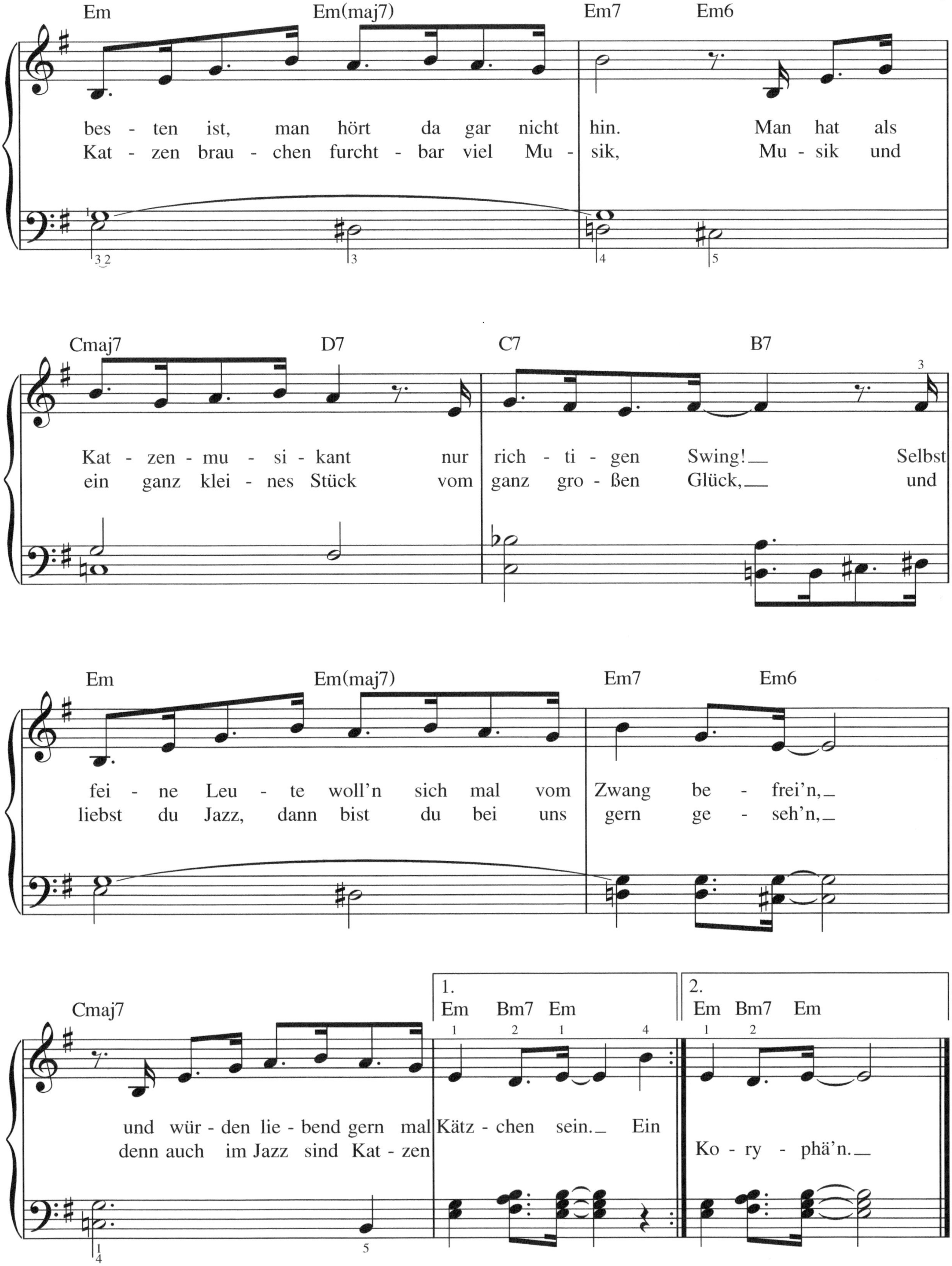
Em Em(maj7) Em7 Em6
bes - ten ist, man hört da gar nicht hin. Man hat als
Kat - zen brau - chen furcht - bar viel Mu - sik, Mu - sik und
Cmaj7 D7 C7 B7
Kat - zen - mu - si - kant nur rich - ti - gen Swing! Selbst
ein ganz klei - nes Stück vom ganz gro - ßen Glück, und
Em Em(maj7) Em7 Em6
fei - ne Leu - te woll'n sich mal vom Zwang be - frei'n,
liebst du Jazz, dann bist du bei uns gern ge - seh'n,
Cmaj7
1. Em Bm7 Em
2. Em Bm7 Em
und wür - den lie - bend gern mal Kätz - chen sein. Ein
denn auch im Jazz sind Kat - zen Ko - ry - phä'n.

FLIEG' INS GLÜCK
aus dem Walt Disney-Film PETER PAN

Text: SAMMY CAHN
Musik: SAMMY FAIN
Deutscher Text: CHRISTINE LEMBACH
Arr.: HANS-GÜNTER HEUMANN

© 1951 Walt Disney Music Company
Copyright Renewed
All Rights Reserved Used by Permission

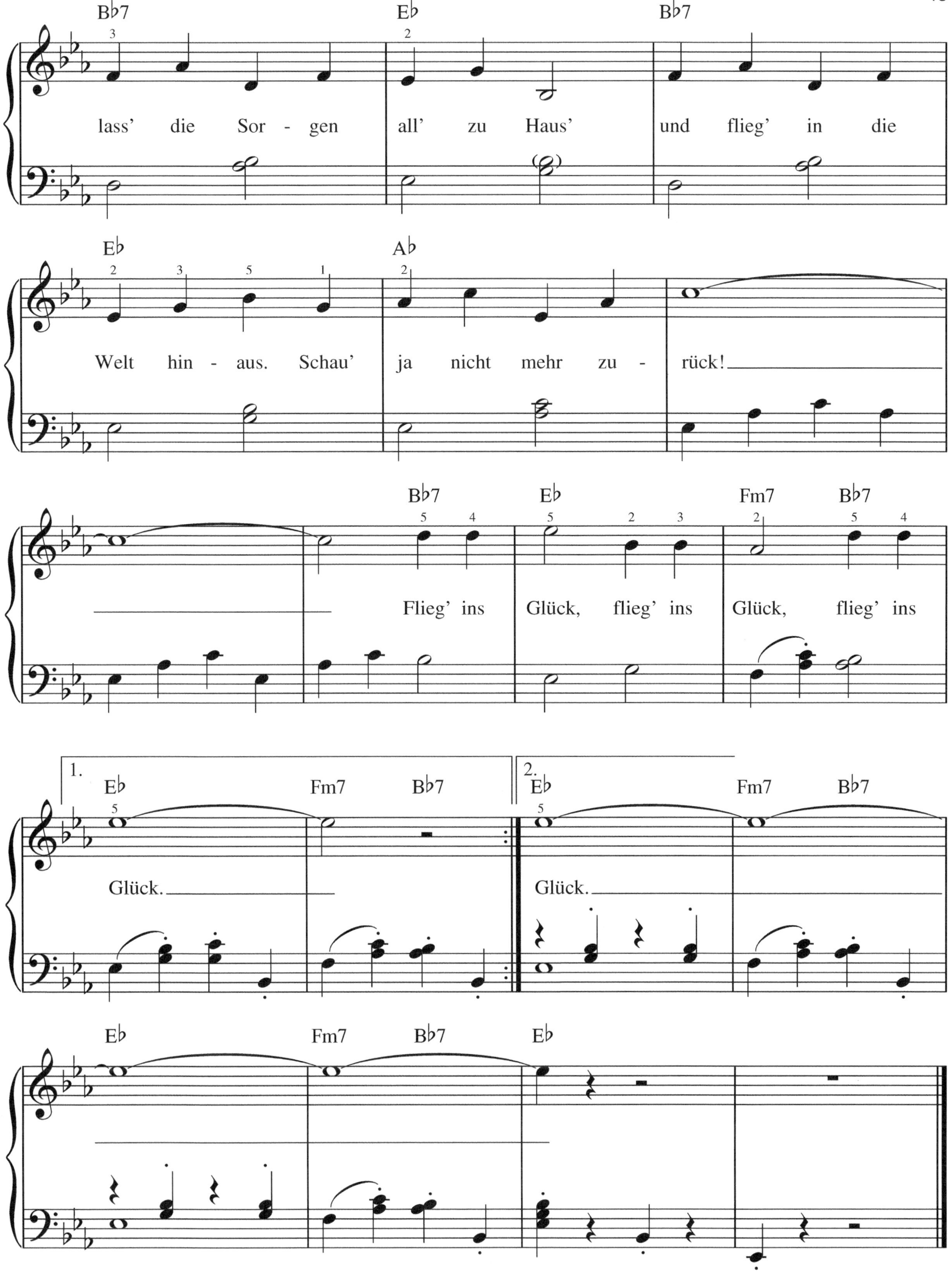
B♭7 E♭ B♭7
lass' die Sor - gen all' zu Haus' und flieg' in die
E♭ A♭
Welt hin - aus. Schau' ja nicht mehr zu - rück!
B♭7 E♭ Fm7 B♭7
Flieg' ins Glück, flieg' ins Glück, flieg' ins
1. E♭ Fm7 B♭7
Glück.
2. E♭ Fm7 B♭7
Glück.
E♭ Fm7 B♭7 E♭

TRAUM-WALZER
aus dem Walt Disney-Film DORNRÖSCHEN

Text und Musik: SAMMY FAIN und JACK LAWRENCE
nach einer Melodie von TSCHAIKOWSKY
Arr.: HANS-GÜNTER HEUMANN

© 1952 Walt Disney Music Company
Copyright Renewed
All Rights Reserved   Used by Permission

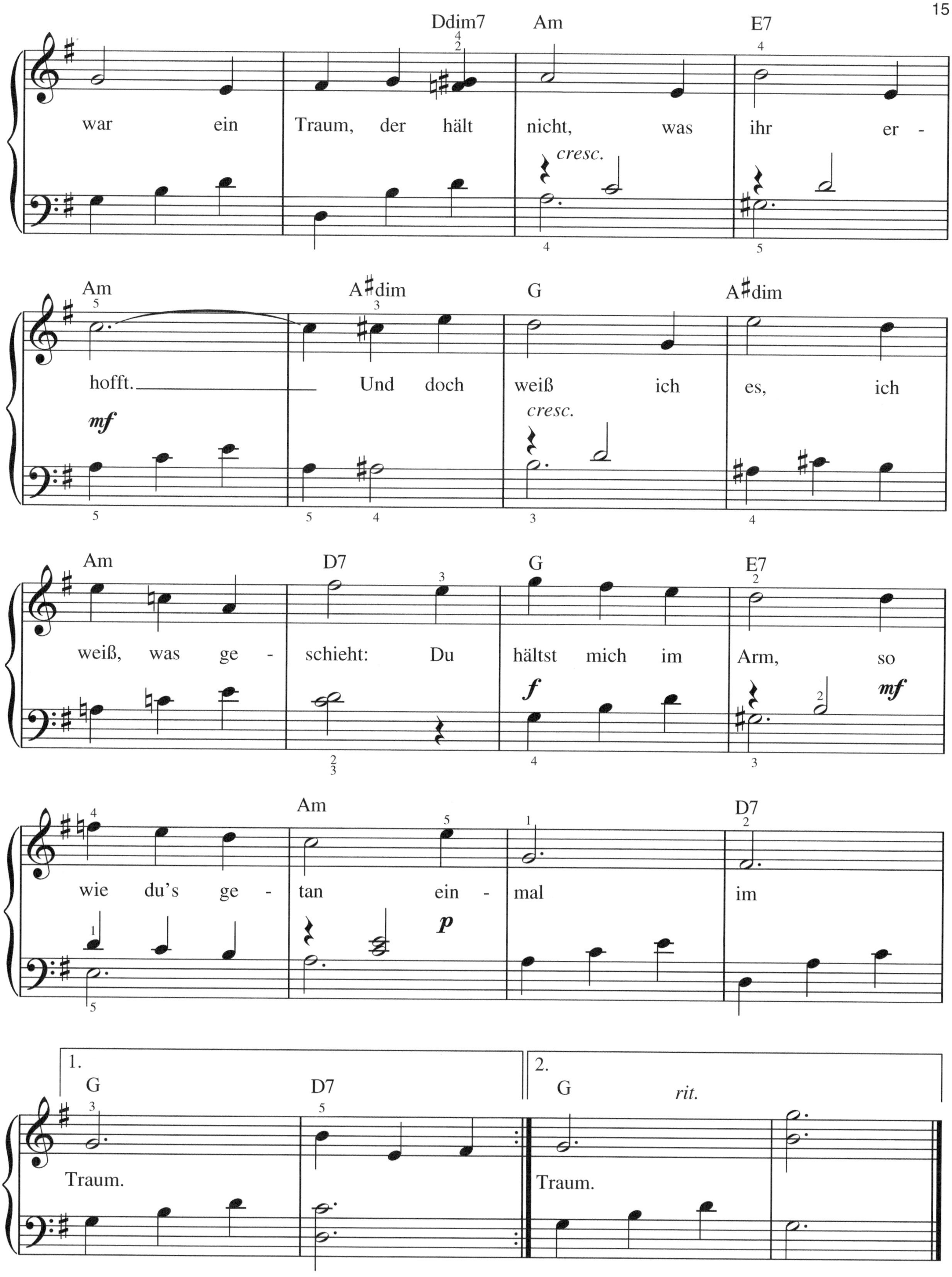
Ddim7 Am E7
war ein Traum, der hält nicht, was ihr er -
cresc.
Am A♯dim G A♯dim
hofft. Und doch weiß ich es, ich
mf
cresc.
Am D7 G E7
weiß, was ge - schieht: Du hältst mich im Arm, so
f
mf
Am D7
wie du's ge - tan ein - mal im
p
1. 2.
G D7 G rit.
Traum. Traum.

BELLA NOTTE
aus dem Walt Disney-Film SUSI UND STROLCH

Text und Musik: PEGGY LEE und SONNY BURKE
Deutscher Text: HEINRICH RIETHMÜLLER
Arr: HANS-GÜNTER HEUMANN

© 1952 Walt Disney Music Company
Copyright Renewed
All Rights Reserved   Used by Permission

EIN LÖFFELCHEN VOLL ZUCKER

aus dem Walt Disney-Film MARY POPPINS

Text und Musik: RICHARD M. SHERMAN und ROBERT B. SHERMAN
Deutscher Text: EBERHARD CRONSHAGEN
Arr.: HANS-GÜNTER HEUMANN

© 1963 Wonderland Music Company, Inc.
Copyright Renewed
All Rights Reserved   Used by Permission

C
Eb7
vol - ler Freu - de tut schmeckt
Ar - beit ihm zur Last, dann
sie für sich be - gehrt von je - der
G
A7
uns wie Ku - chen gut, ein
singt es hoch, selbst - bewusst. Es
Blü - te, die sie leert, so
f
Am7
Bbdim
D7
Ddim
Scherz, ein Spiel, da -
weiß ein Lied, das
schafft (so schafft) sie viel (sie viel), es
Am7
Ddim
D7
Bbdim
zu ge - hört nicht viel!
schafft ein froh' Ge - müt!
ist ein Kin - der - spiel!
Wenn ein
mf

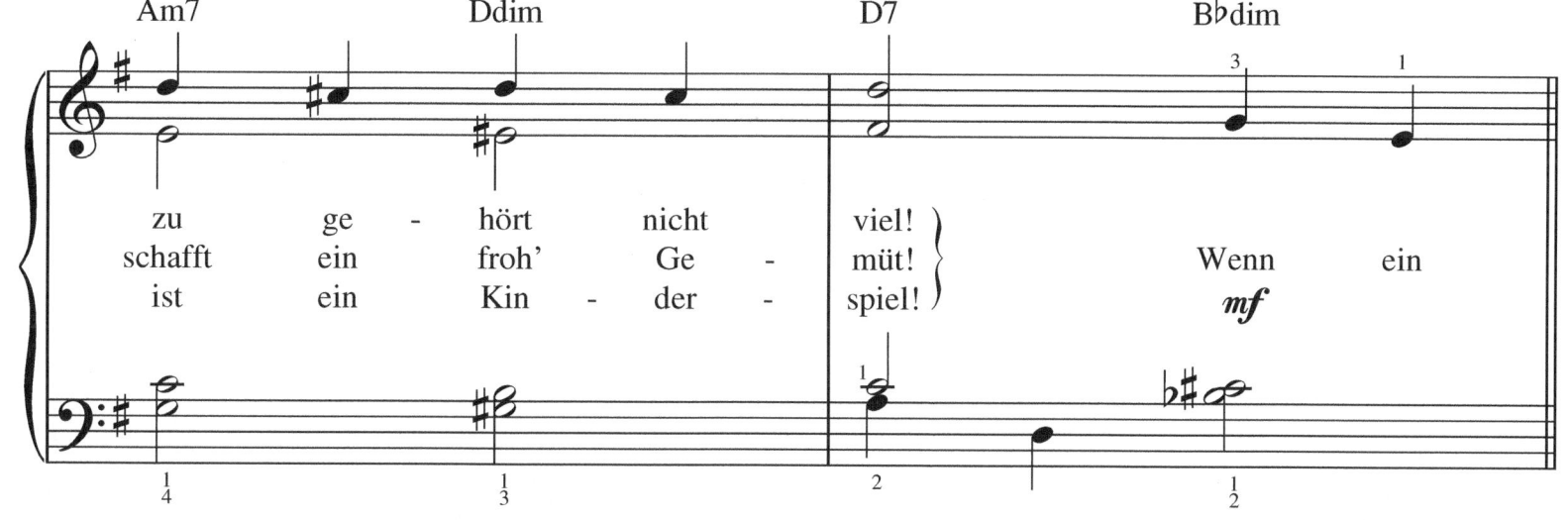

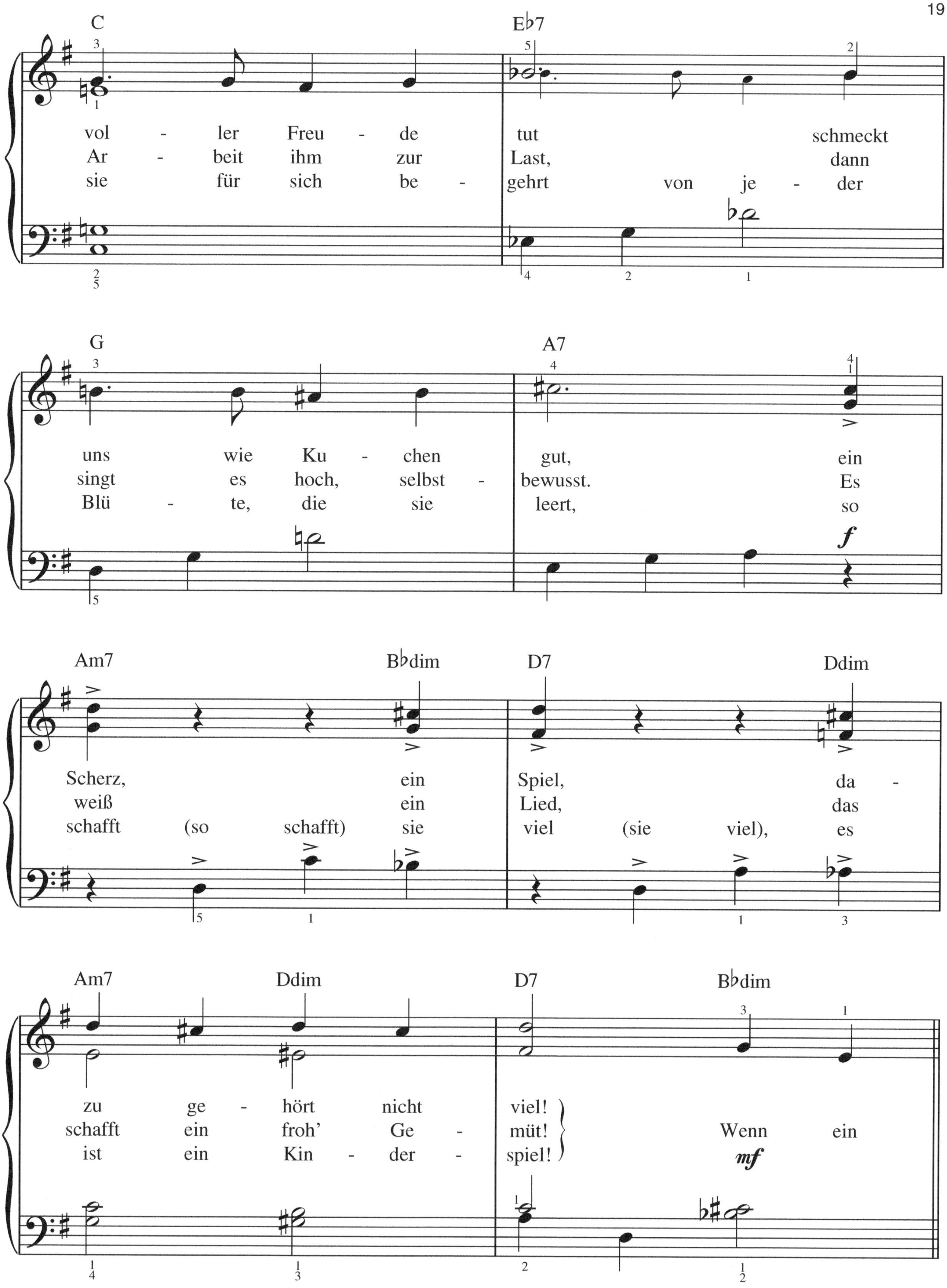

20

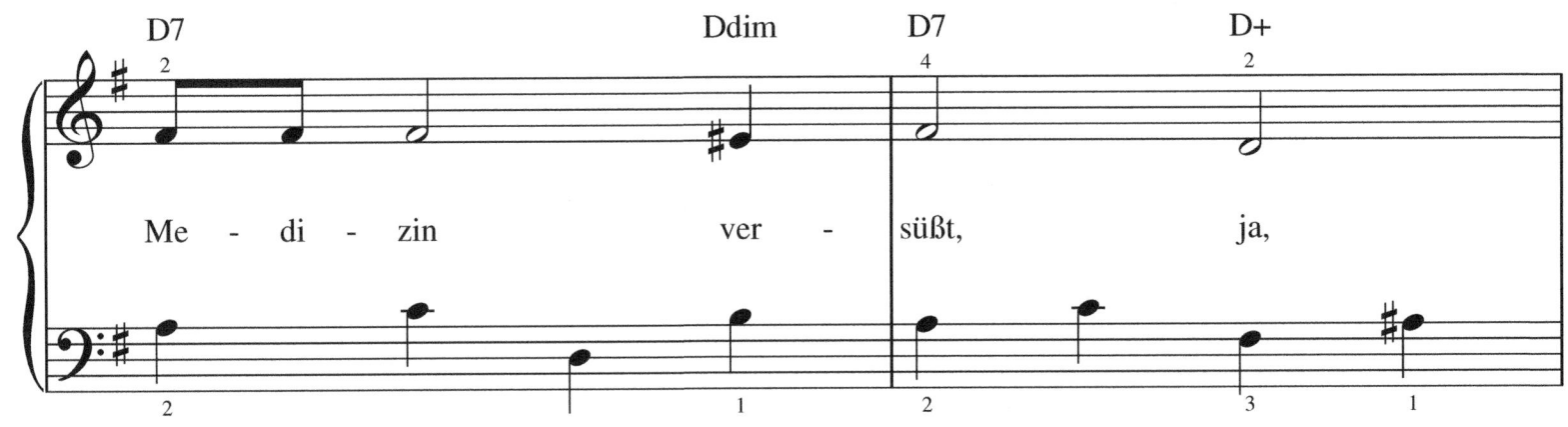
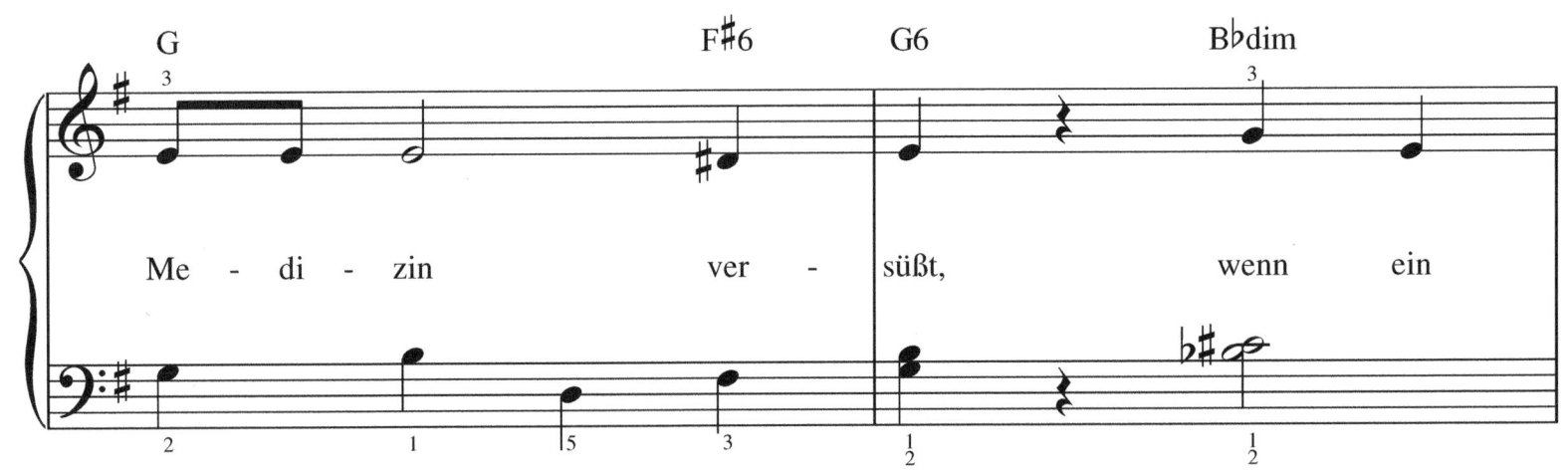

PROBIER'S MAL MIT GEMÜTLICHKEIT
aus dem Walt Disney-Film DAS DSCHUNGELBUCH

Text und Musik: TERRY GILKYSON
Deutscher Text: HEINRICH RIETHMÜLLER
Arr.: HANS-GÜNTER HEUMANN

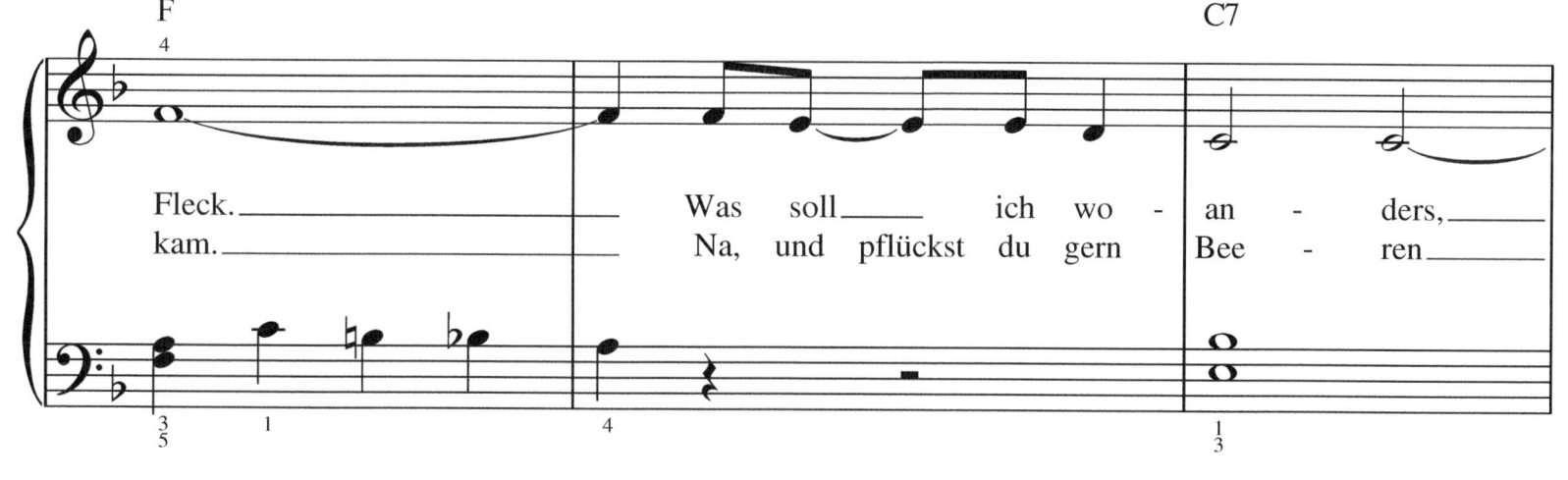

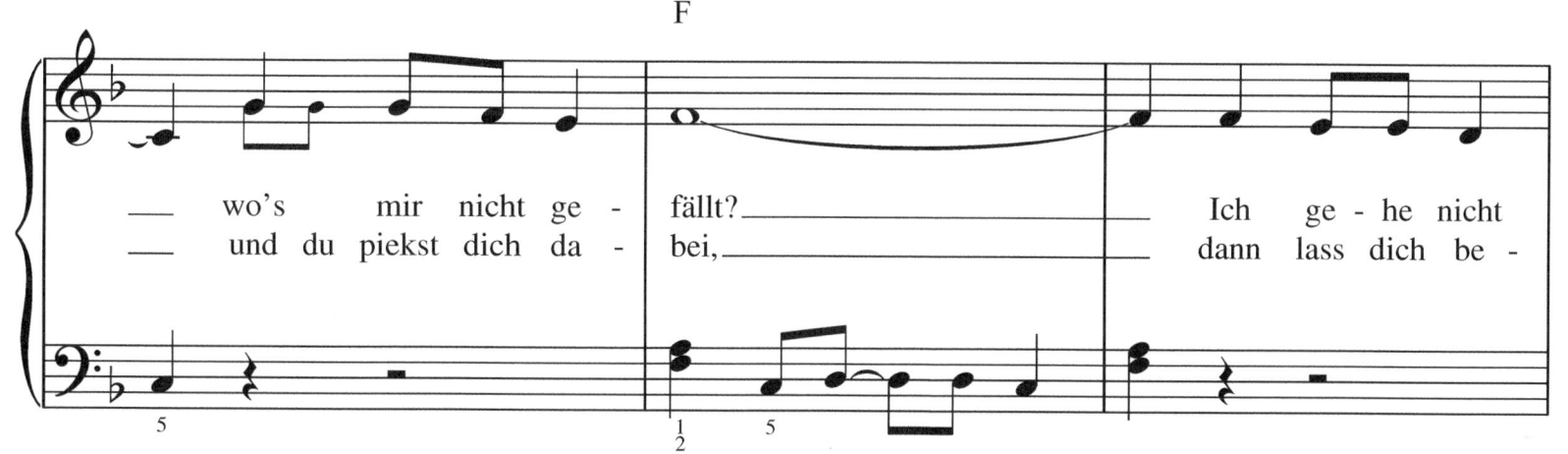

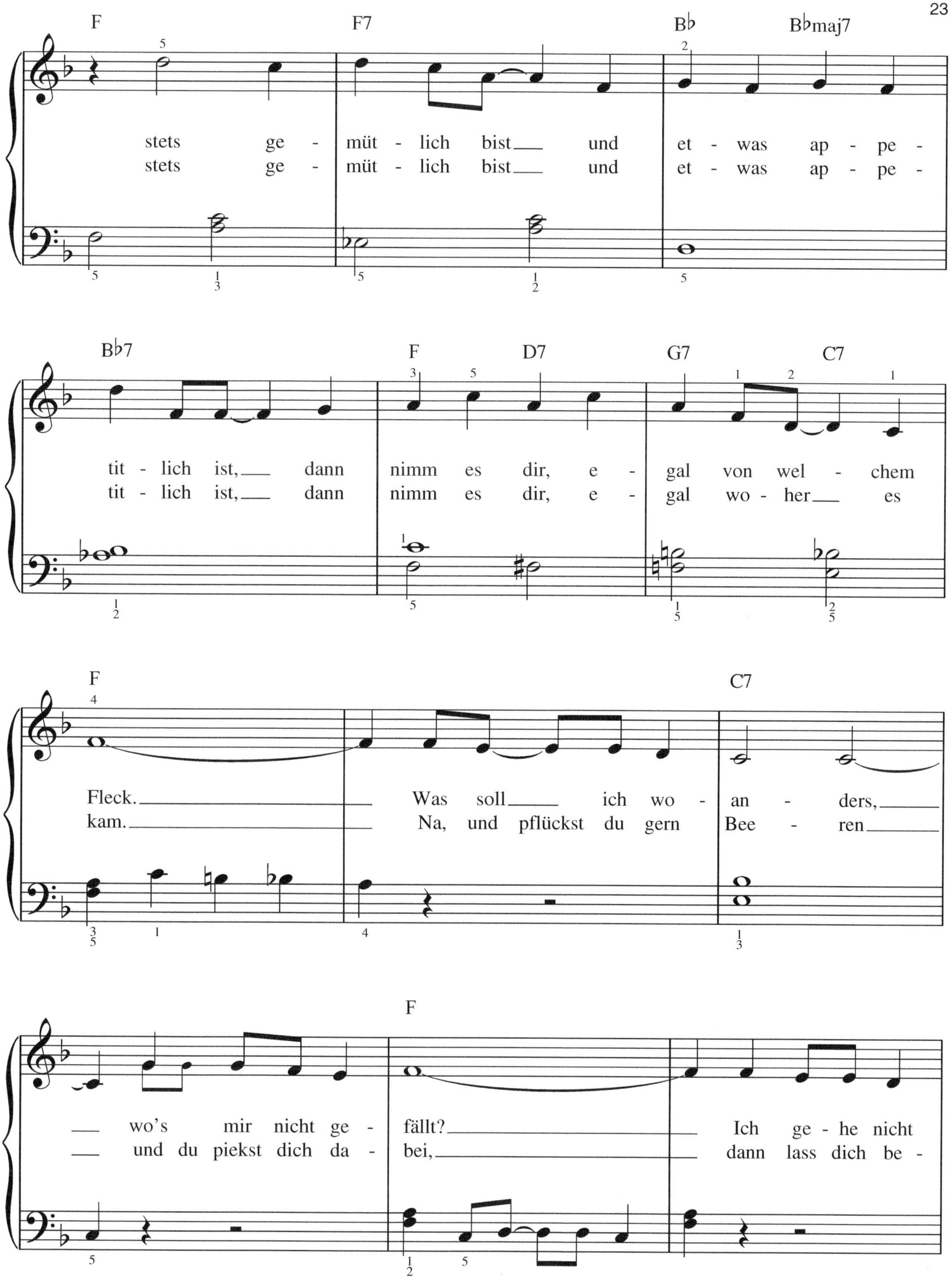
F F7 B♭ B♭maj7
stets ge - müt - lich bist und et - was ap - pe -
stets ge - müt - lich bist und et - was ap - pe -
B♭7 F D7 G7 C7
tit - lich ist, dann nimm es dir, e - gal von wel - chem
tit - lich ist, dann nimm es dir, e - gal wo - her es
F C7
Fleck. Was soll ich wo - an - ders,
kam. Na, und pflückst du gern Bee - ren
F
wo's mir nicht ge - fällt? Ich ge - he nicht
und du piekst dich da - bei, dann lass dich be -

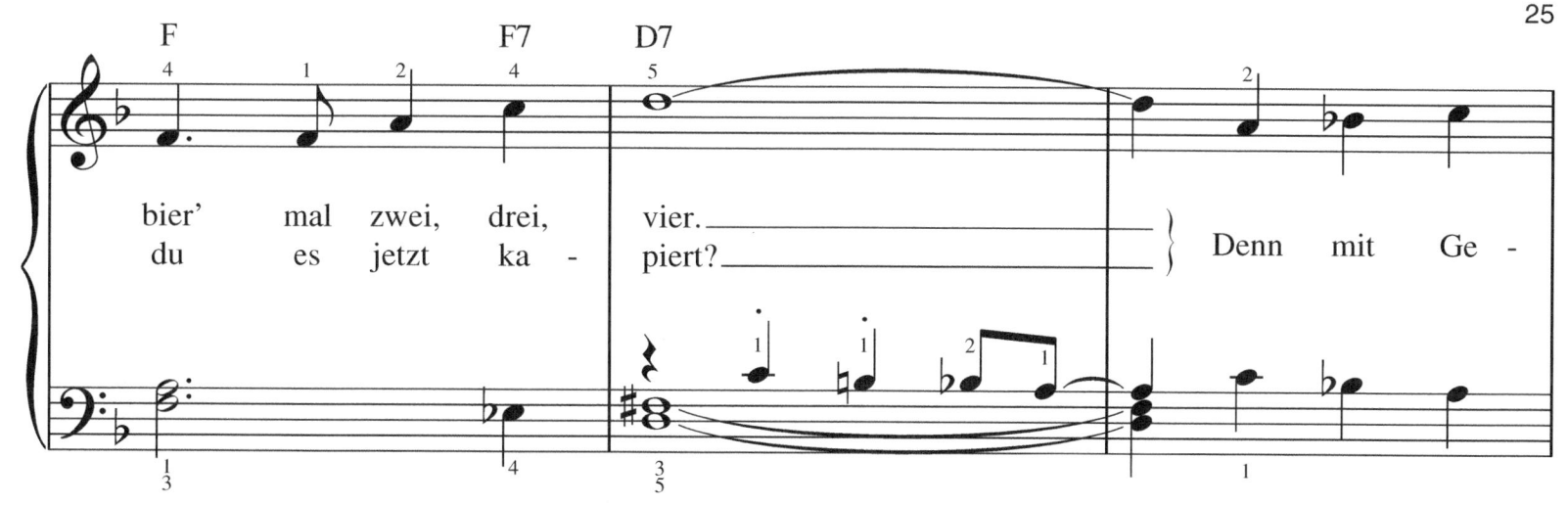
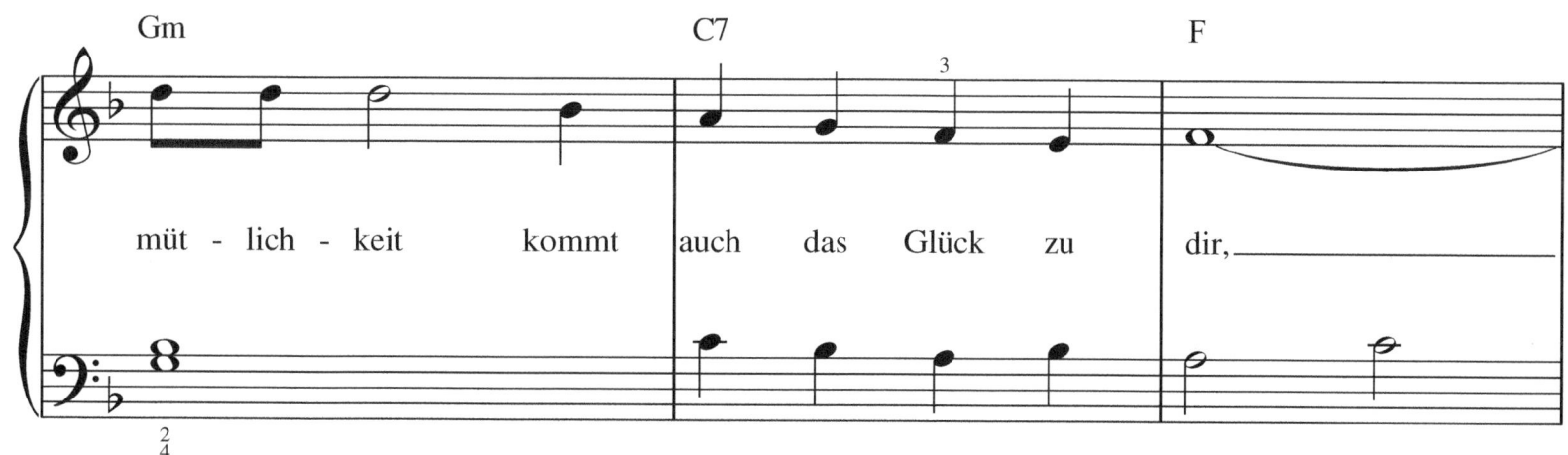
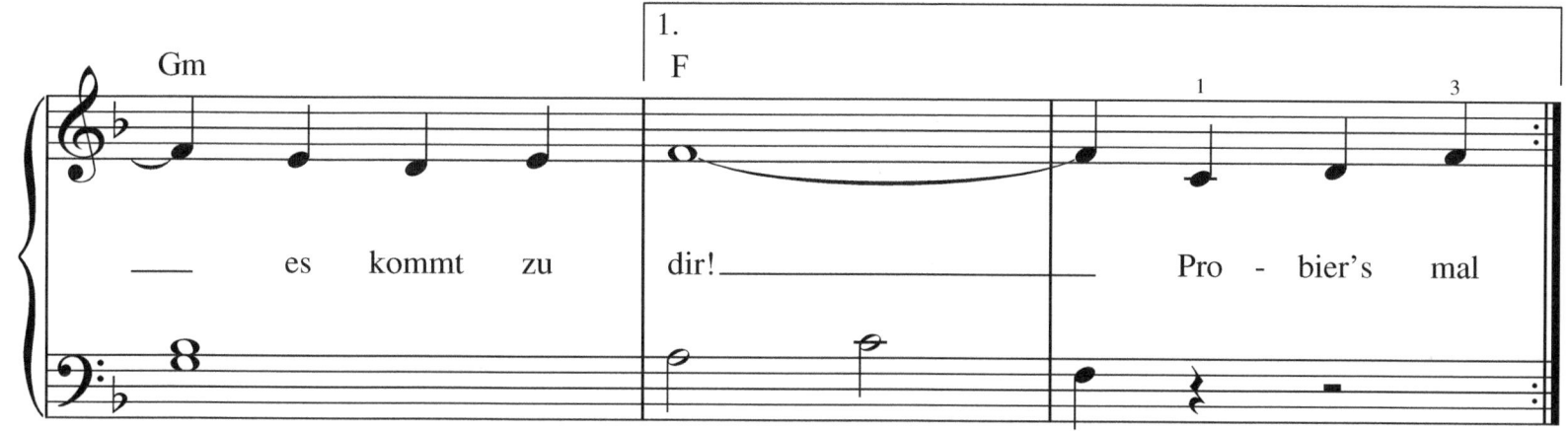
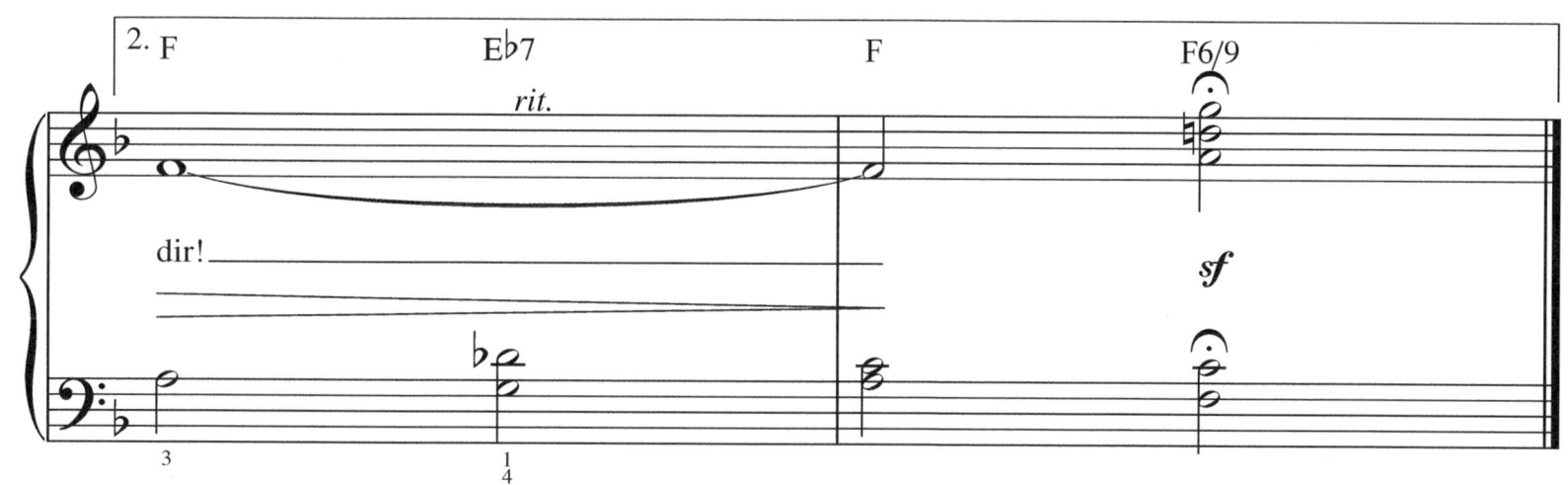

IN DEINER WELT

aus dem Walt Disney-Film ARIELLE, DIE MEERJUNGFRAU

Text: HOWARD ASHMAN
Musik: ALAN MENKEN
Deutscher Text: FRANK LENART
Arr.: HANS-GÜNTER HEUMANN

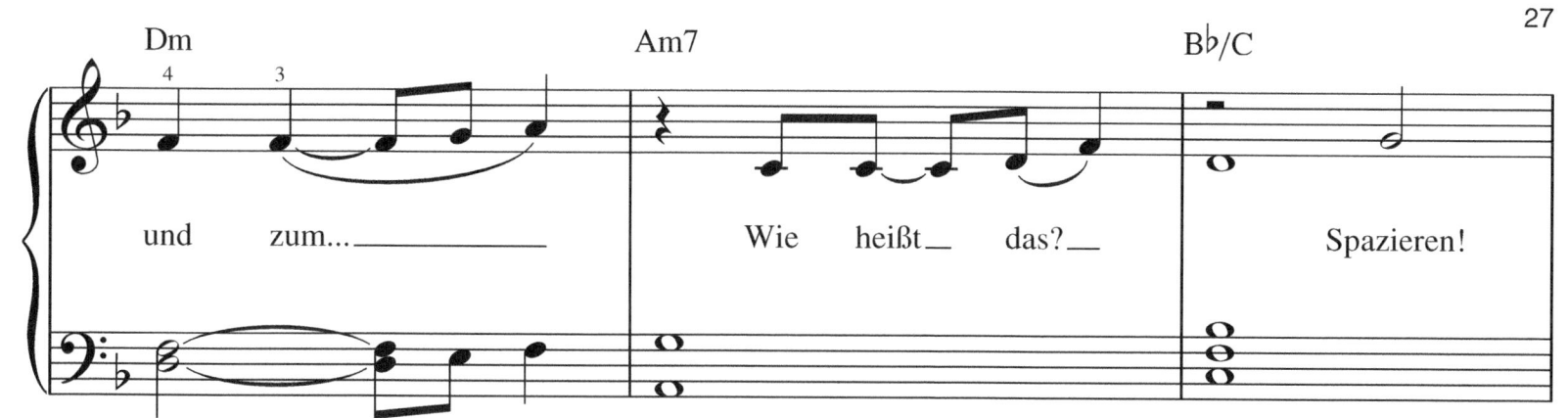

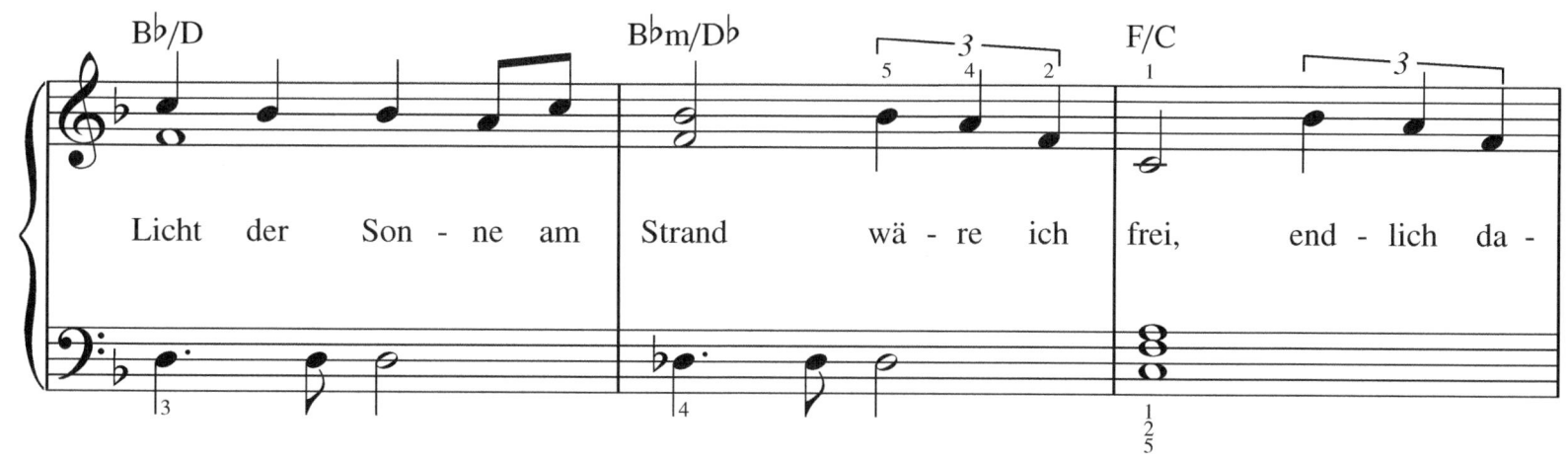
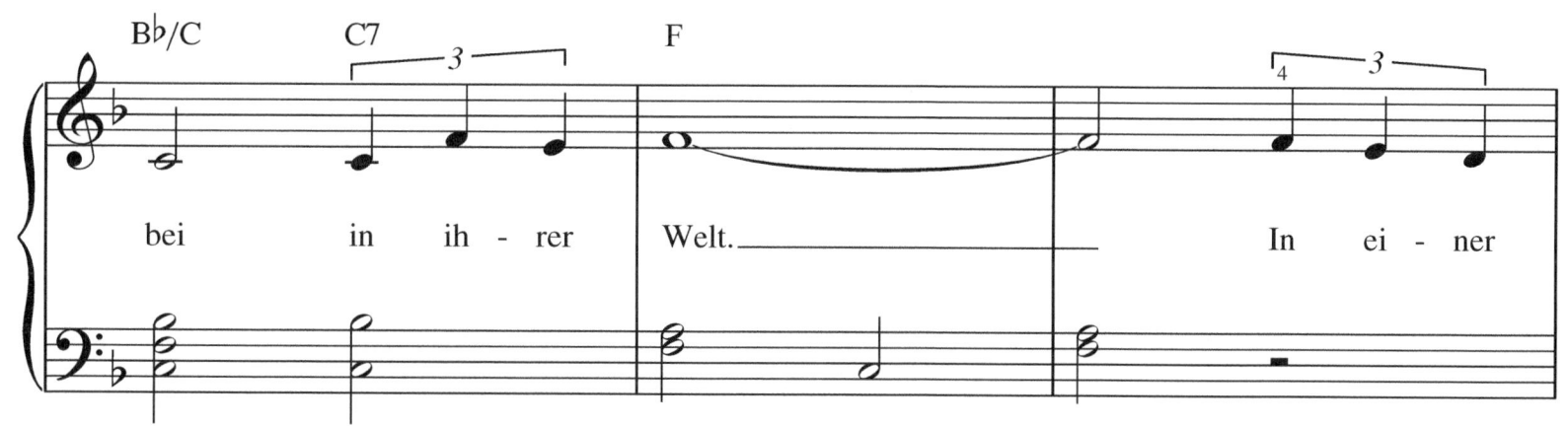

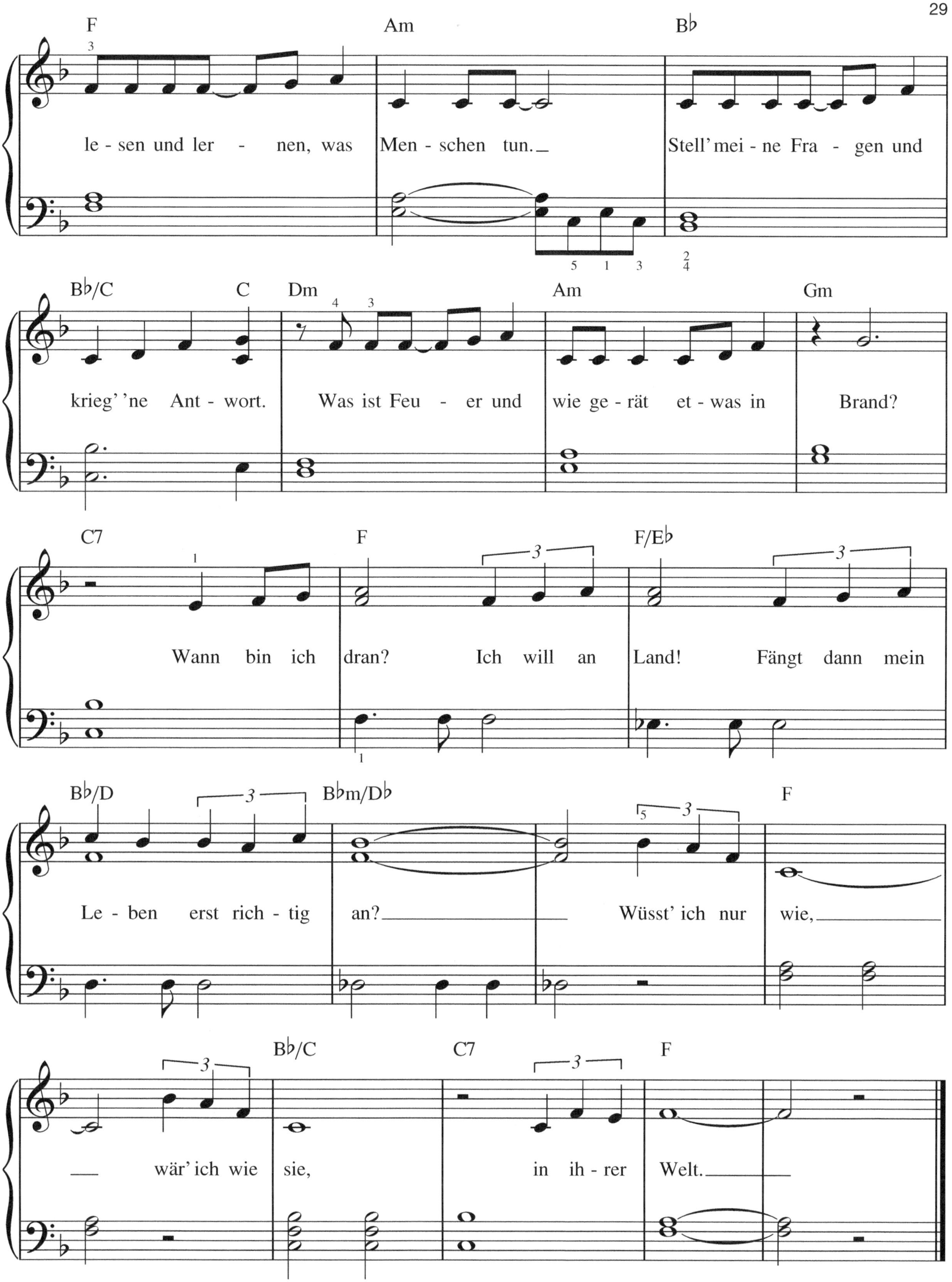
F Am B♭
le - sen und ler - nen, was Men - schen tun. Stell' mei - ne Fra - gen und
B♭/C C Dm Am Gm
krieg' 'ne Ant - wort. Was ist Feu - er und wie ge - rät et - was in Brand?
C7 F F/E♭
Wann bin ich dran? Ich will an Land! Fängt dann mein
B♭/D B♭m/D♭ F
Le - ben erst rich - tig an? Wüsst' ich nur wie,
B♭/C C7 F
wär' ich wie sie, in ih - rer Welt.

DIE SCHÖNE UND DAS BIEST

aus dem Walt Disney-Film DIE SCHÖNE UND DAS BIEST

Text: HOWARD ASHMAN
Musik: ALAN MENKEN
Deutscher Text: LUTZ RIEDEL
Arr.: HANS-GÜNTER HEUMANN

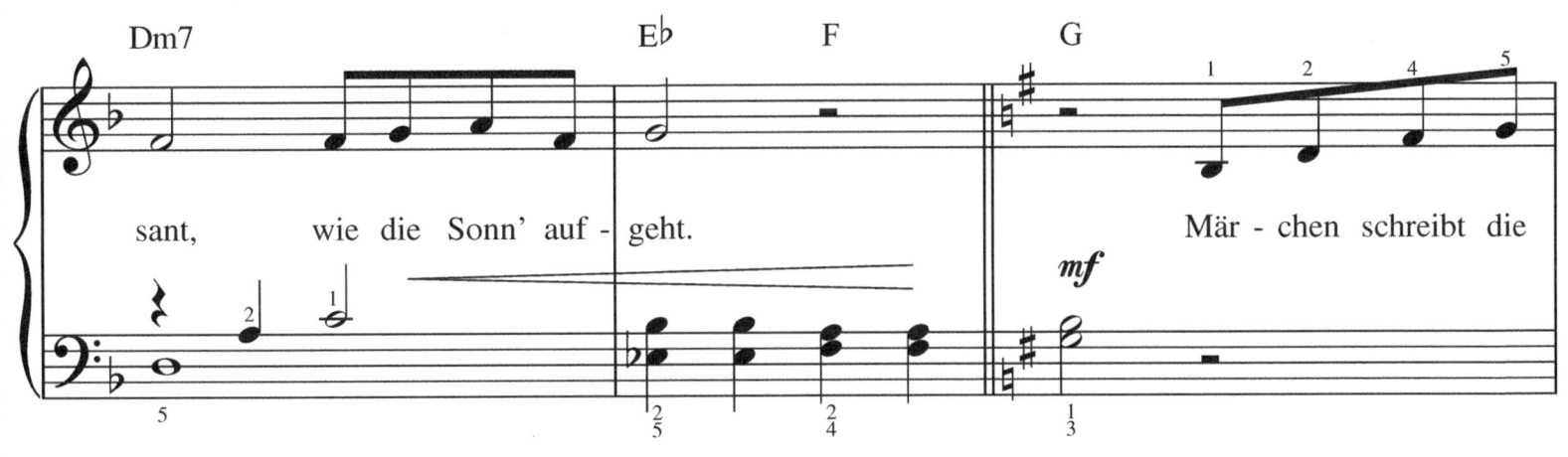

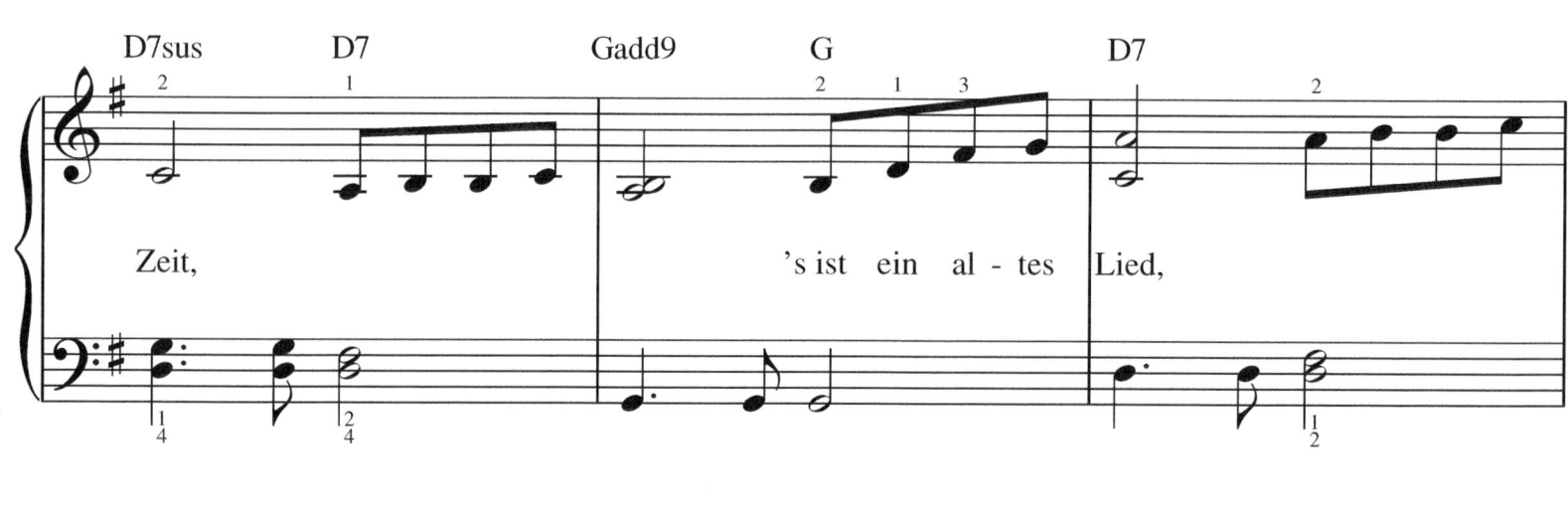
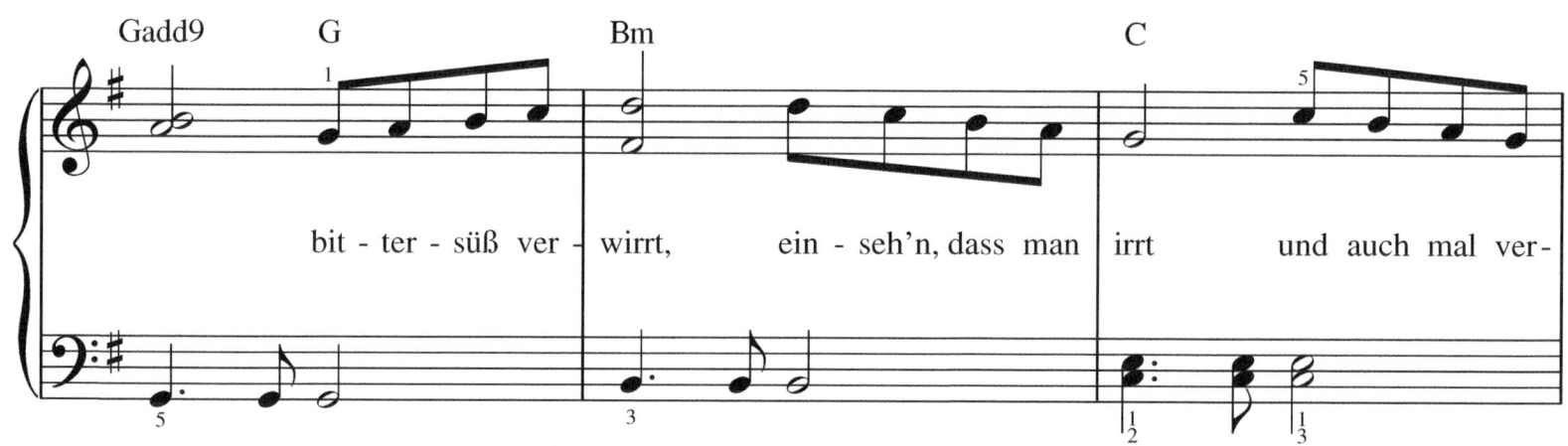

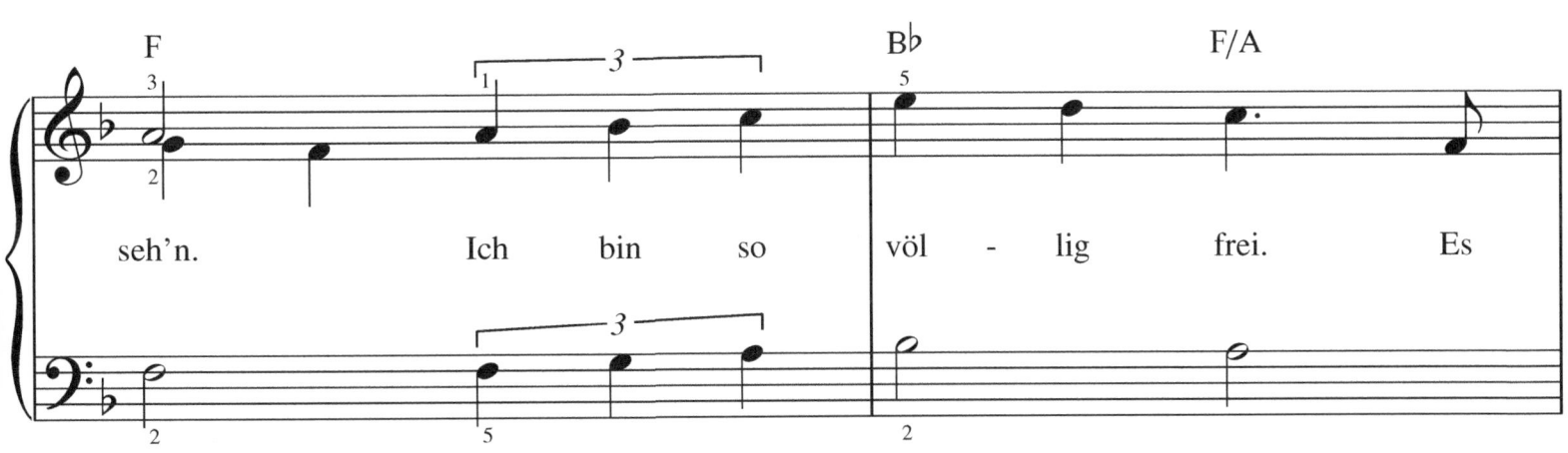
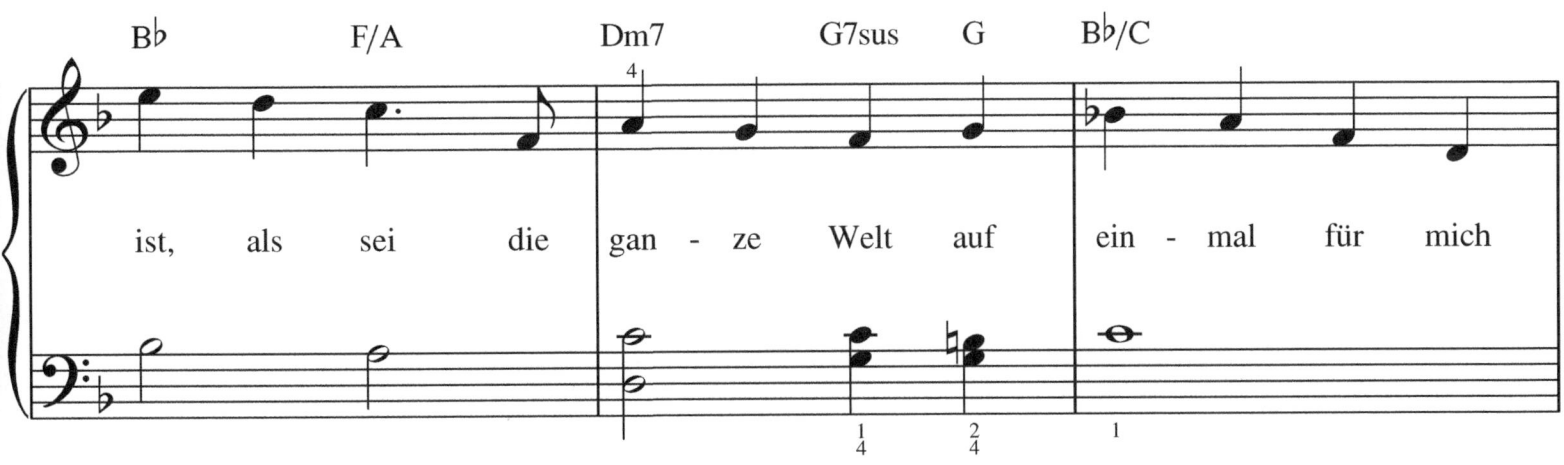

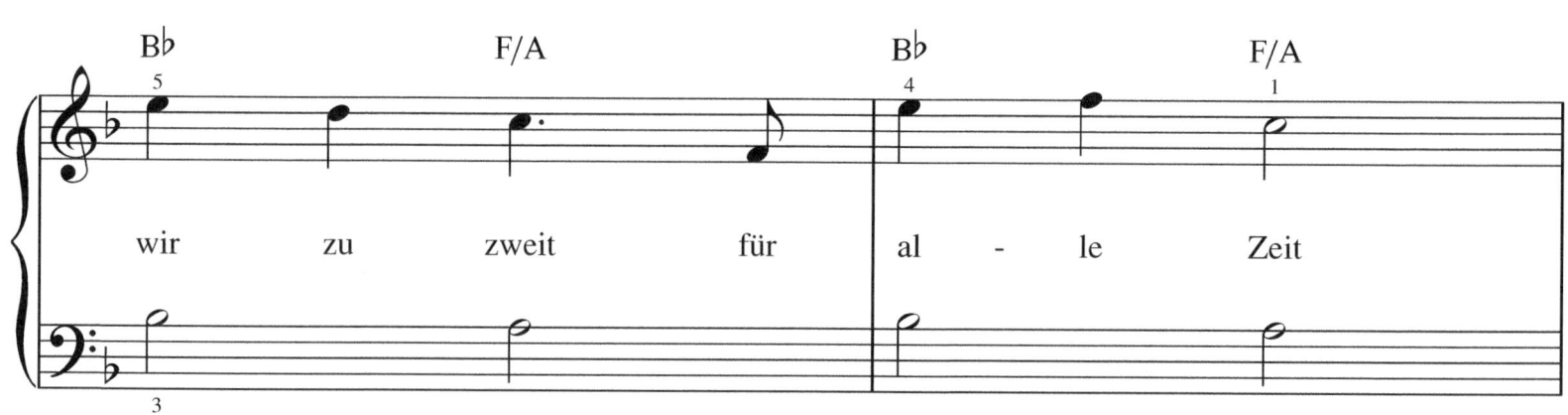
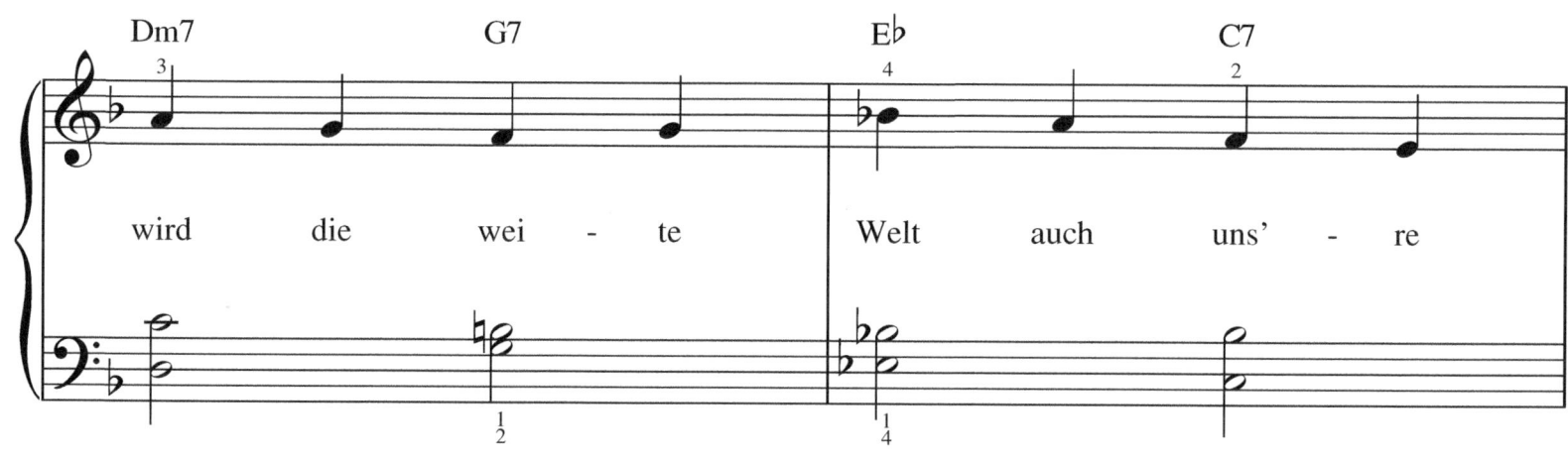
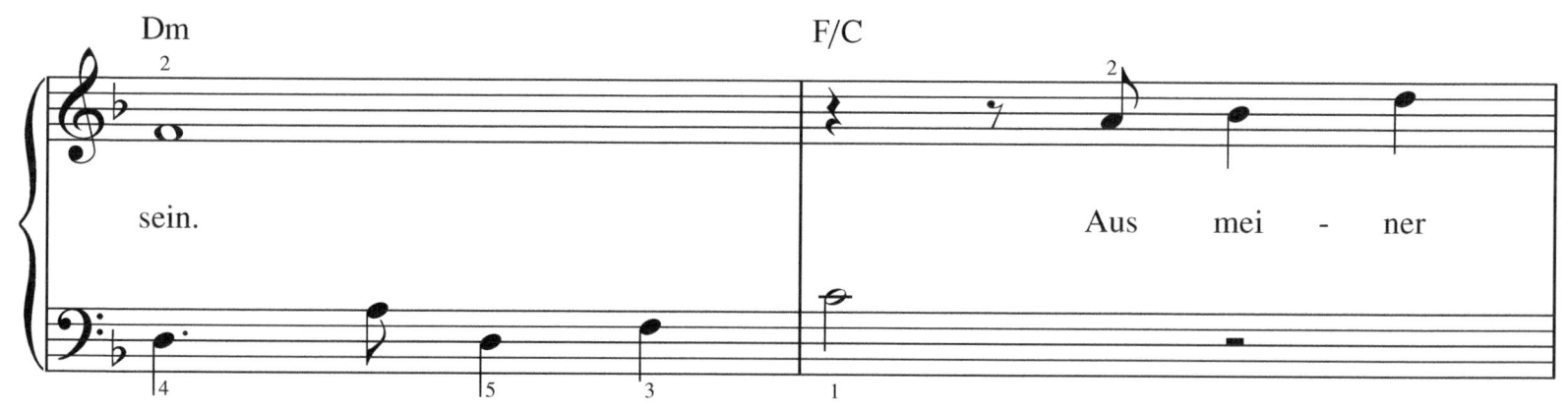

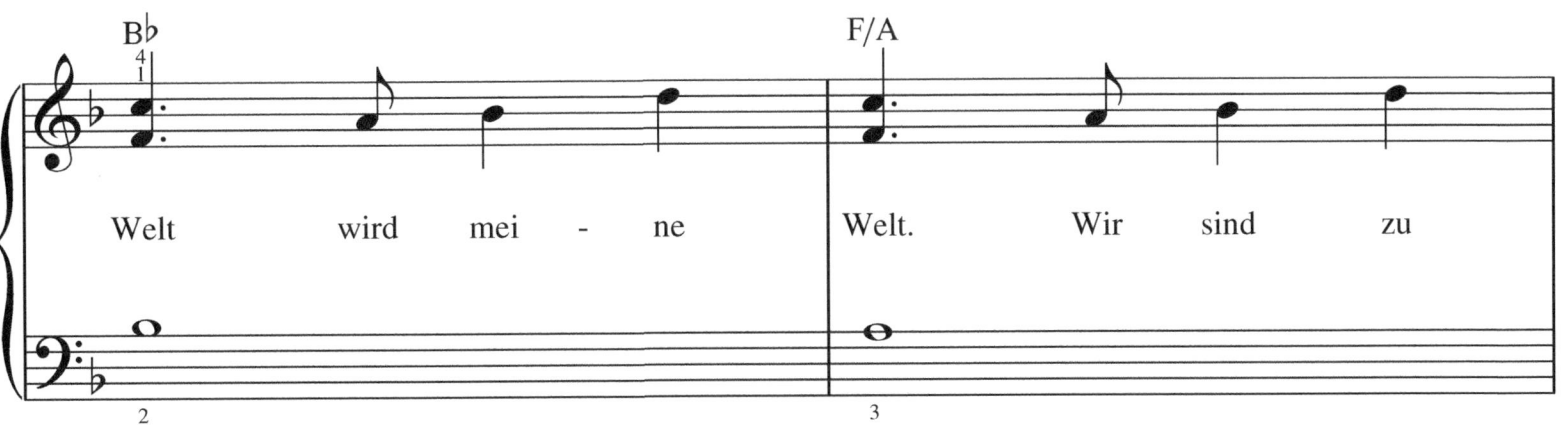

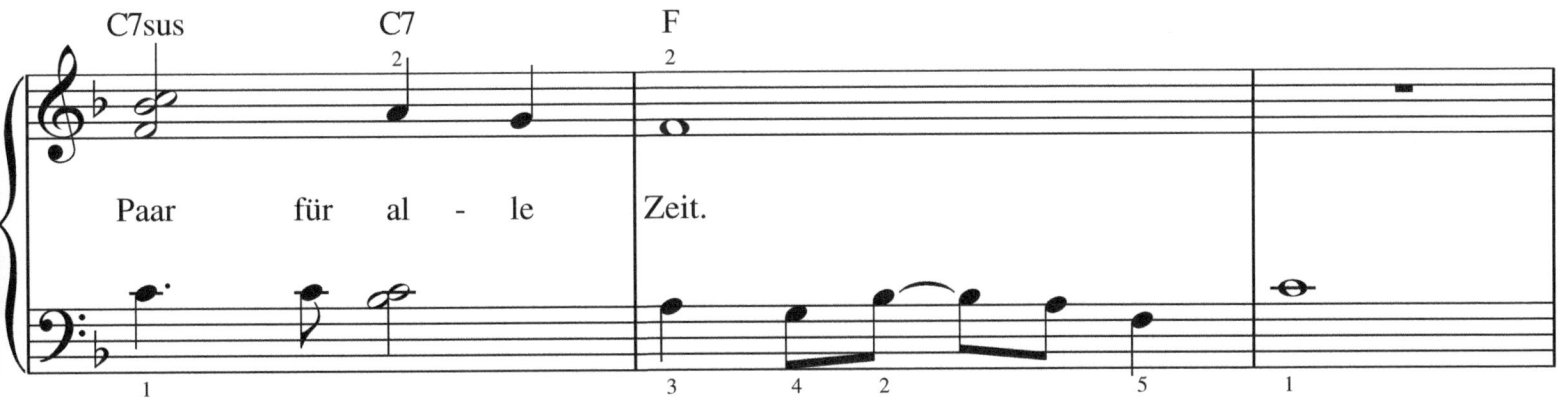

KANN ES WIRKLICH LIEBE SEIN
aus dem Walt Disney-Film DER KÖNIG DER LÖWEN

Musik: ELTON JOHN
Text: TIM RICE
Deutscher Text: FRANK LENART
Arr.: HANS-GÜNTER HEUMANN

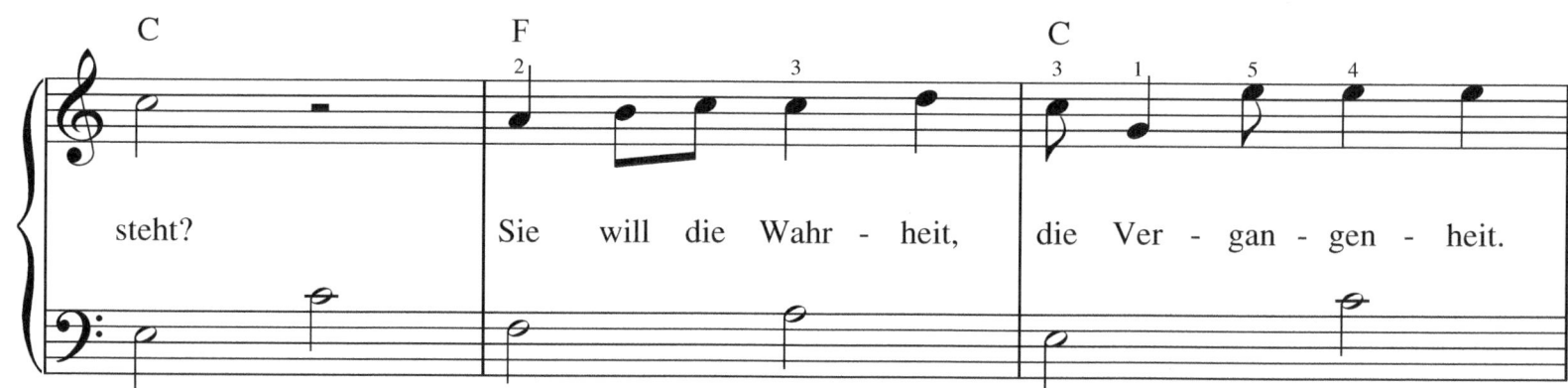

© 1994 Wonderland Music Company, Inc.
All Rights Reserved   Used by Permission

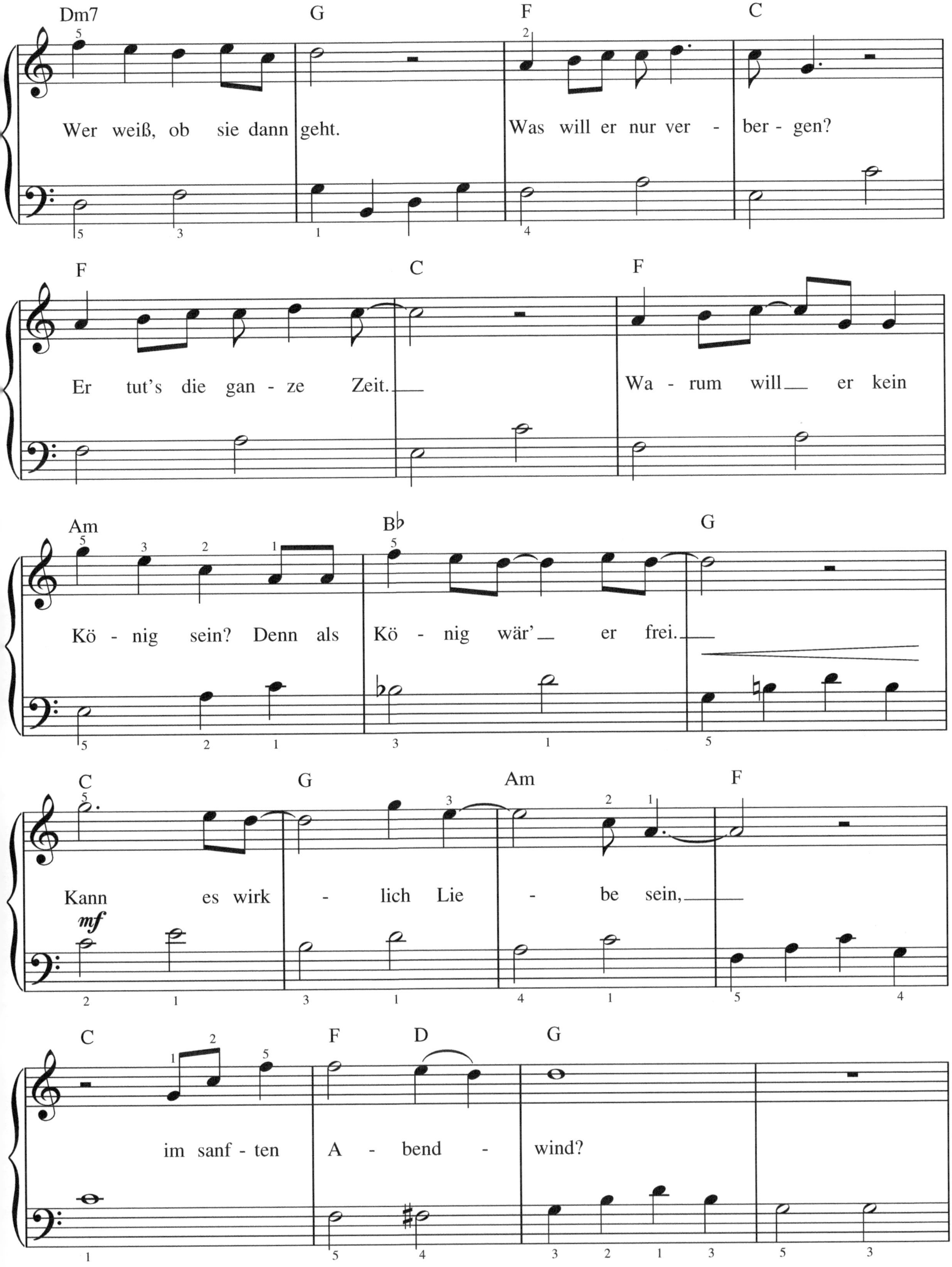
Dm7 G F C
Wer weiß, ob sie dann geht. Was will er nur ver - ber - gen?
F C F
Er tut's die gan - ze Zeit. Wa - rum will er kein
Am B♭ G
Kö - nig sein? Denn als Kö - nig wär' er frei.
C G Am F
Kann es wirk - lich Lie - be sein,
mf
C F D G
im sanf - ten A - bend - wind?

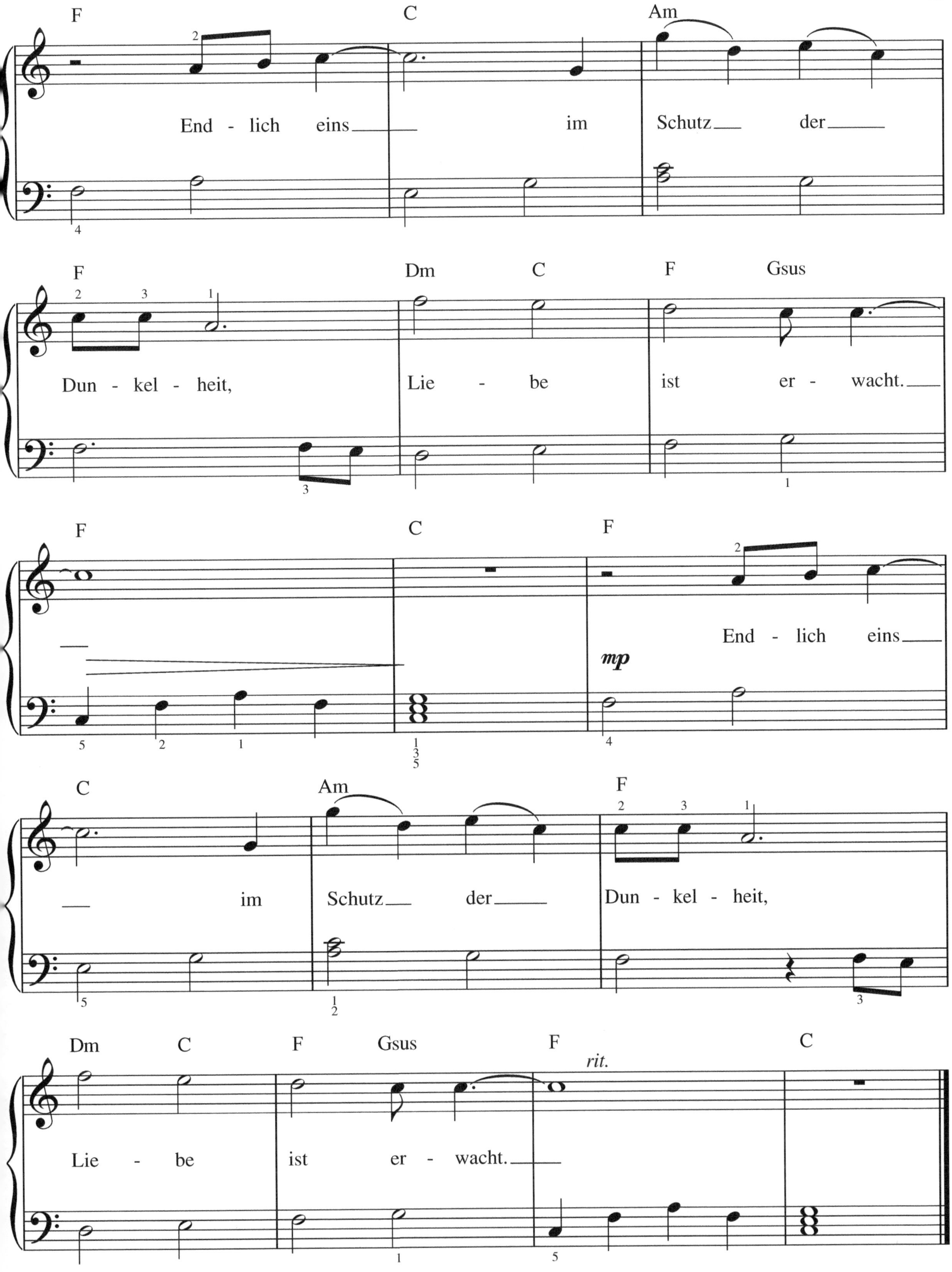
F C Am
End - lich eins im Schutz der
F Dm C F Gsus
Dun - kel - heit, Lie - be ist er - wacht.
F C F
End - lich eins
mp
C Am F
im Schutz der Dun - kel - heit,
Dm C F Gsus F C
rit.
Lie - be ist er - wacht.

DU HAST 'N FREUND IN MIR
aus dem Walt Disney-Film TOY STORY

Text und Musik: RANDY NEWMAN
Deutscher Text: KLAUS LAGE
Arr.: HANS-GÜNTER HEUMANN

© 1995 Walt Disney Music Company
All Rights Reserved   Used by Permission

DAS FARBENSPIEL DES WINDS
aus dem Walt Disney-Film POCAHONTAS

Musik: ALAN MENKEN
Text: STEPHEN SCHWARTZ
Deutscher Text: LUTZ RIEDEL
Arr.: HANS-GÜNTER HEUMANN

© 1995 Wonderland Music Company, Inc. and Walt Disney Music Company
All Rights Reserved   Used by Permission

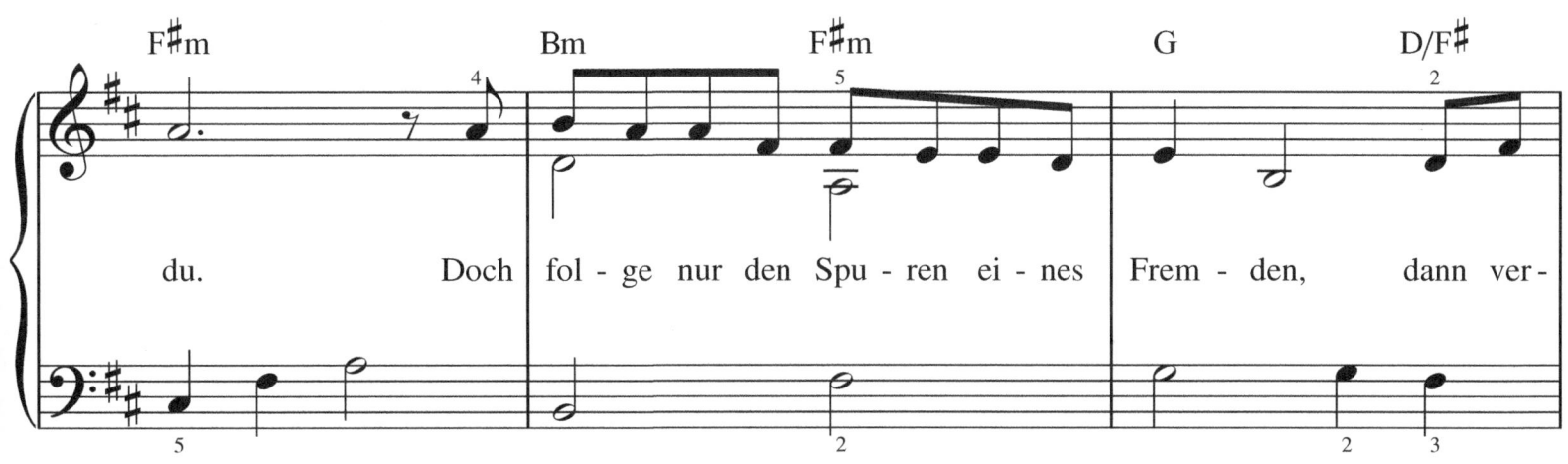

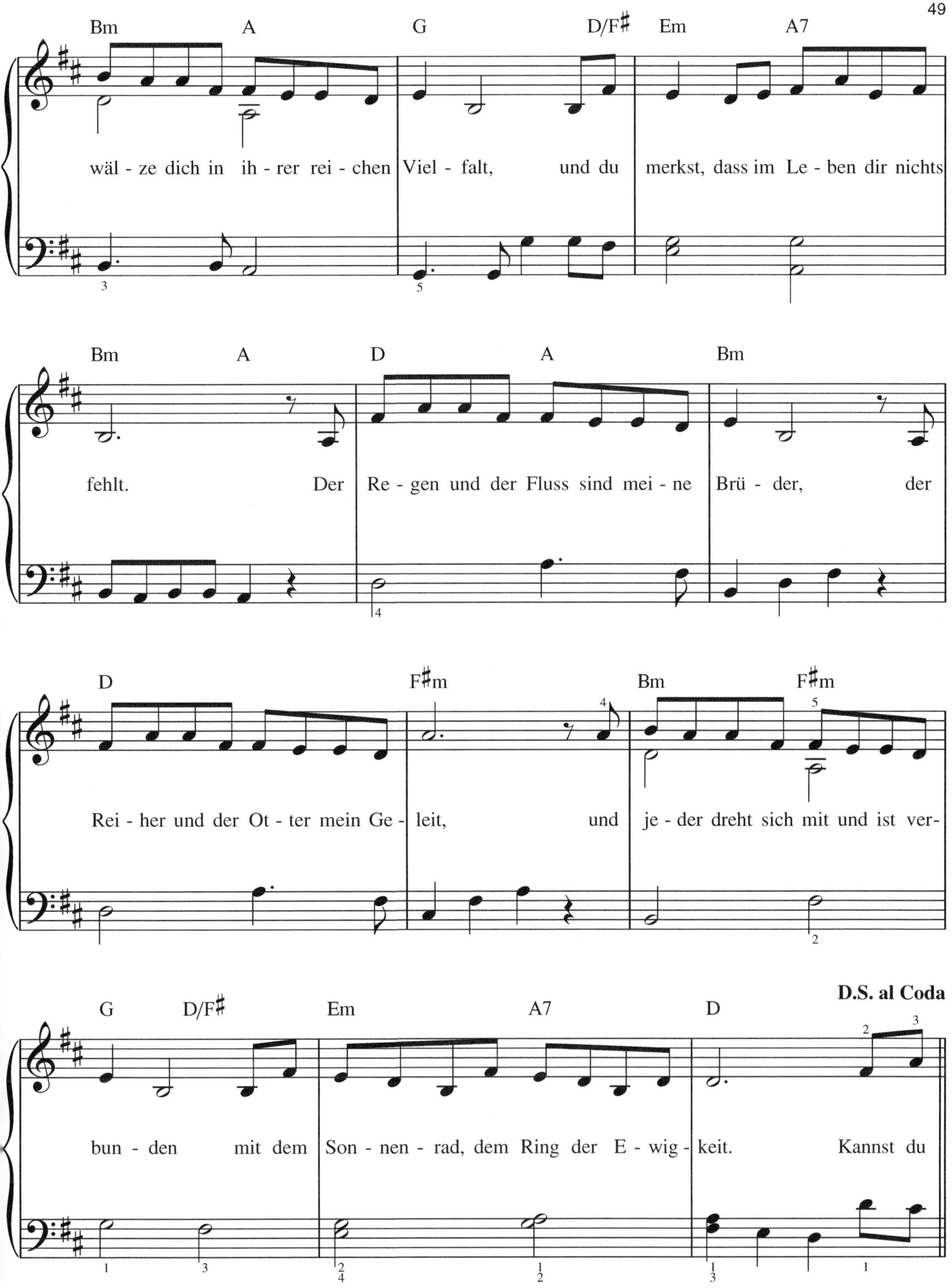
Bm A G D/F♯ Em A7
wäl - ze dich in ih - rer rei - chen Viel - falt, und du merkst, dass im Le - ben dir nichts
Bm A D A Bm
fehlt. Der Re - gen und der Fluss sind mei - ne Brü - der, der
D F♯m Bm F♯m
Rei - her und der Ot - ter mein Ge - leit, und je - der dreht sich mit und ist ver-
D.S. al Coda
G D/F♯ Em A7 D
bun - den mit dem Son - nen - rad, dem Ring der E - wig - keit. Kannst du

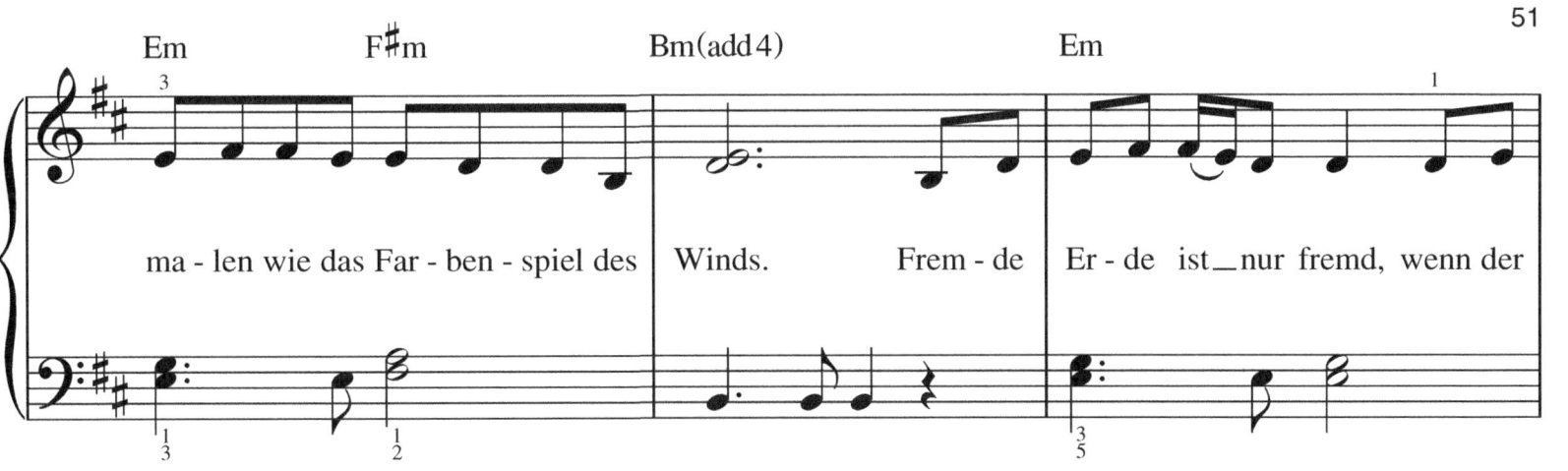
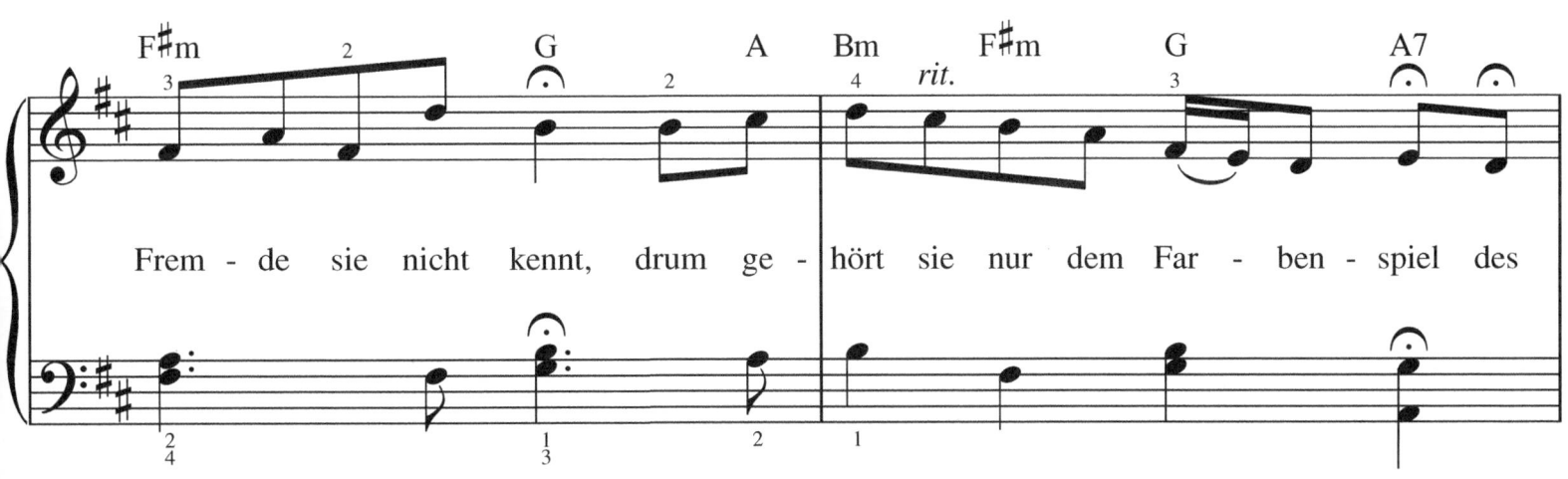
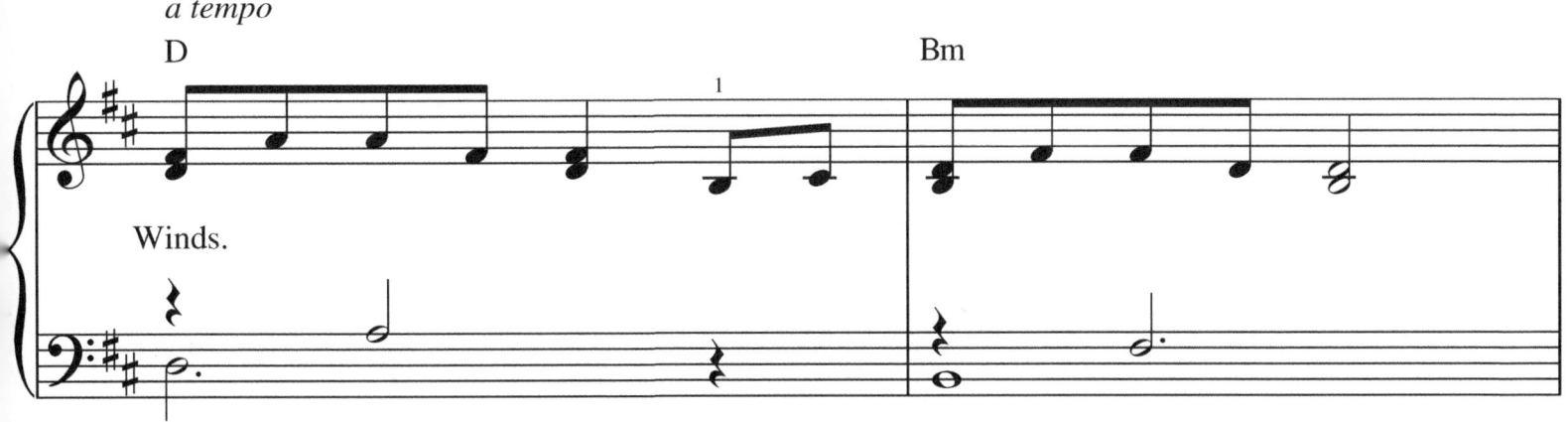
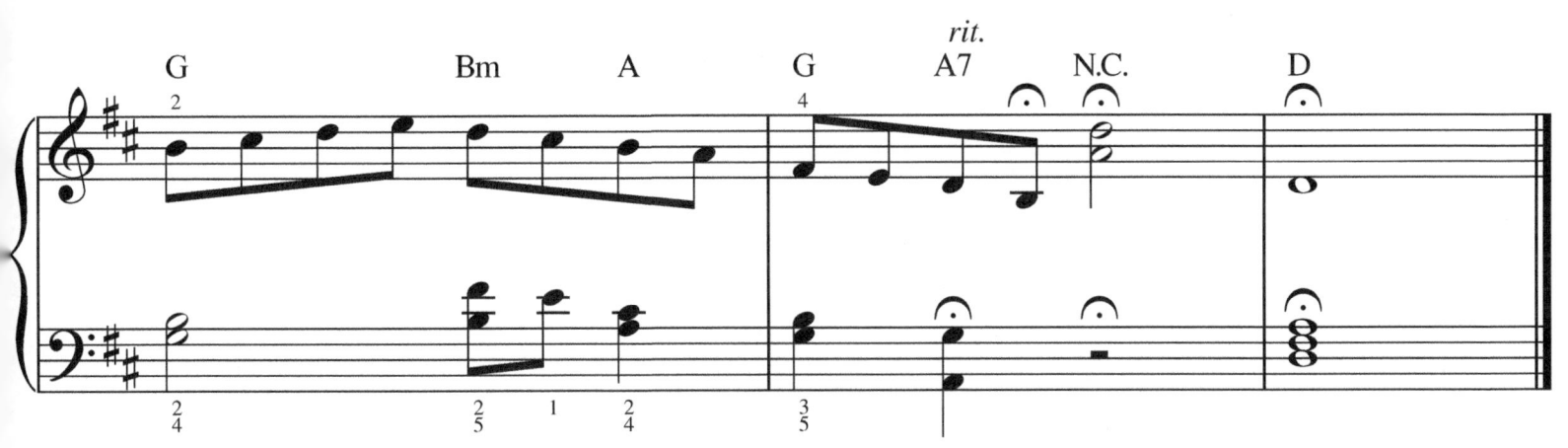

ICH WERD'S NOCH BEWEISEN
aus dem Walt Disney-Film HERCULES

Musik: ALAN MENKEN
Text: DAVID ZIPPEL
Deutscher Text: FRANK LENART
Arr.: HANS-GÜNTER HEUMANN

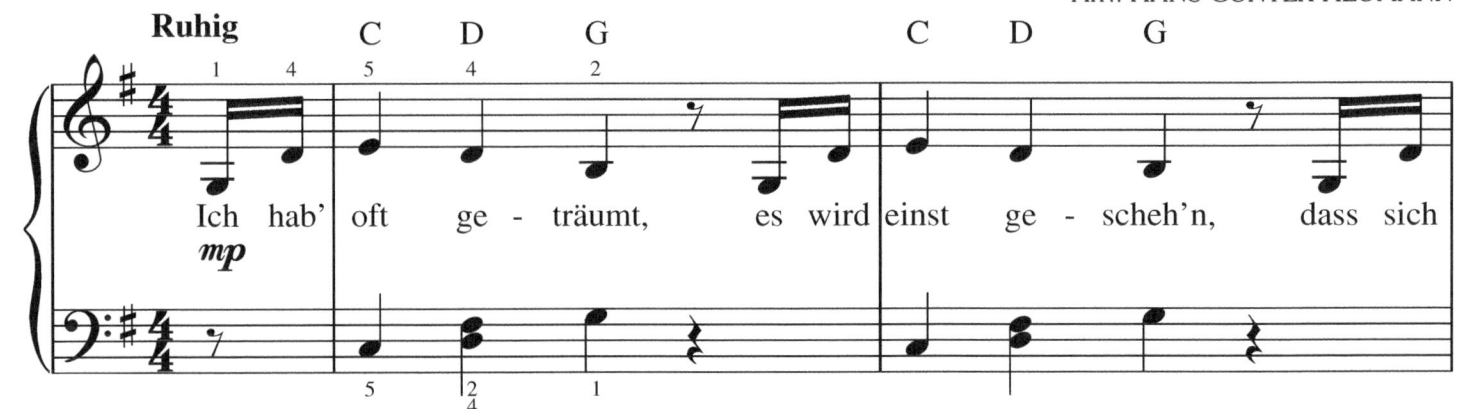
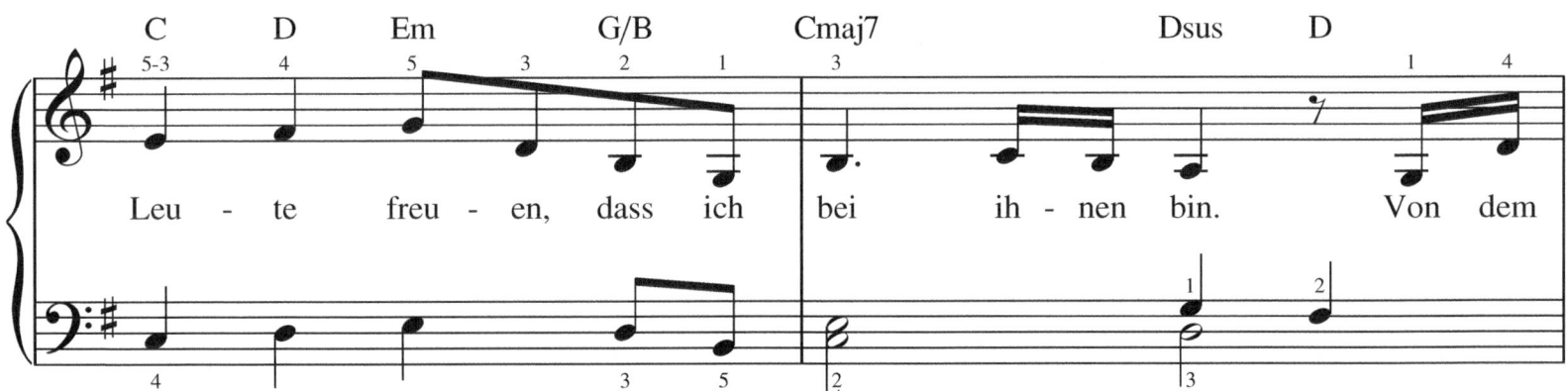

© 1997 Wonderland Music Company, Inc. and Walt Disney Music Company
All Rights Reserved   Used by Permission

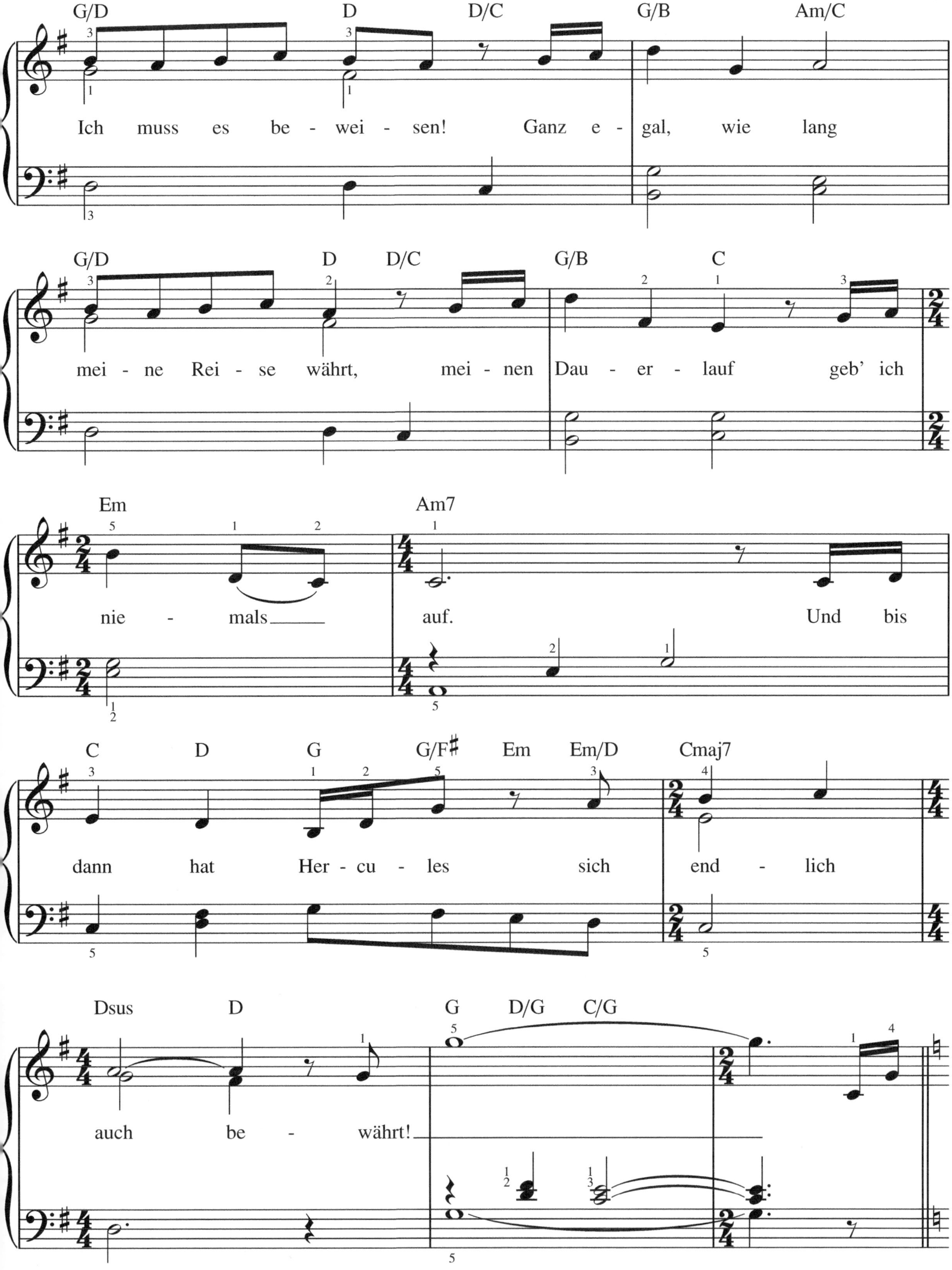
G/D D D/C G/B Am/C
Ich muss es be - wei - sen! Ganz e - gal, wie lang
G/D D D/C G/B C
mei - ne Rei - se währt, mei - nen Dau - er - lauf geb' ich
Em Am7
nie - mals auf. Und bis
C D G G/F♯ Em Em/D Cmaj7
dann hat Her - cu - les sich end - lich
Dsus D G D/G C/G
auch be - währt!

DIR GEHÖRT MEIN HERZ
aus dem Walt Disney-Film TARZAN ™

Text und Musik: PHIL COLLINS
Deutscher Text: FRANK LENART
Arr.: HANS-GÜNTER HEUMANN

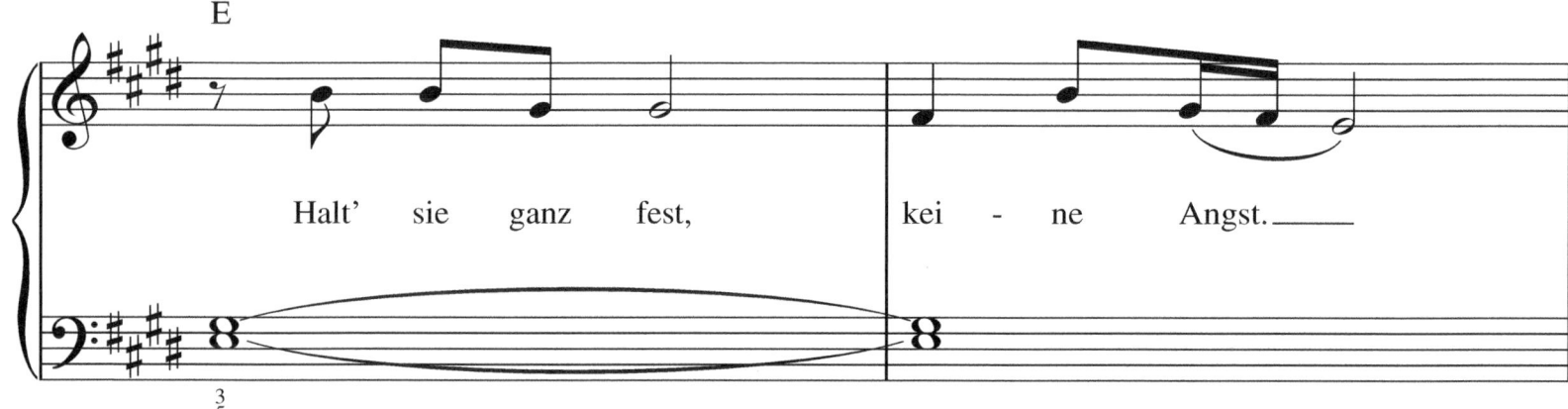

© 1999 Edgar Rice Burroughs, Inc. and Walt Disney Music Company
All Rights Reserved   Used by Permission

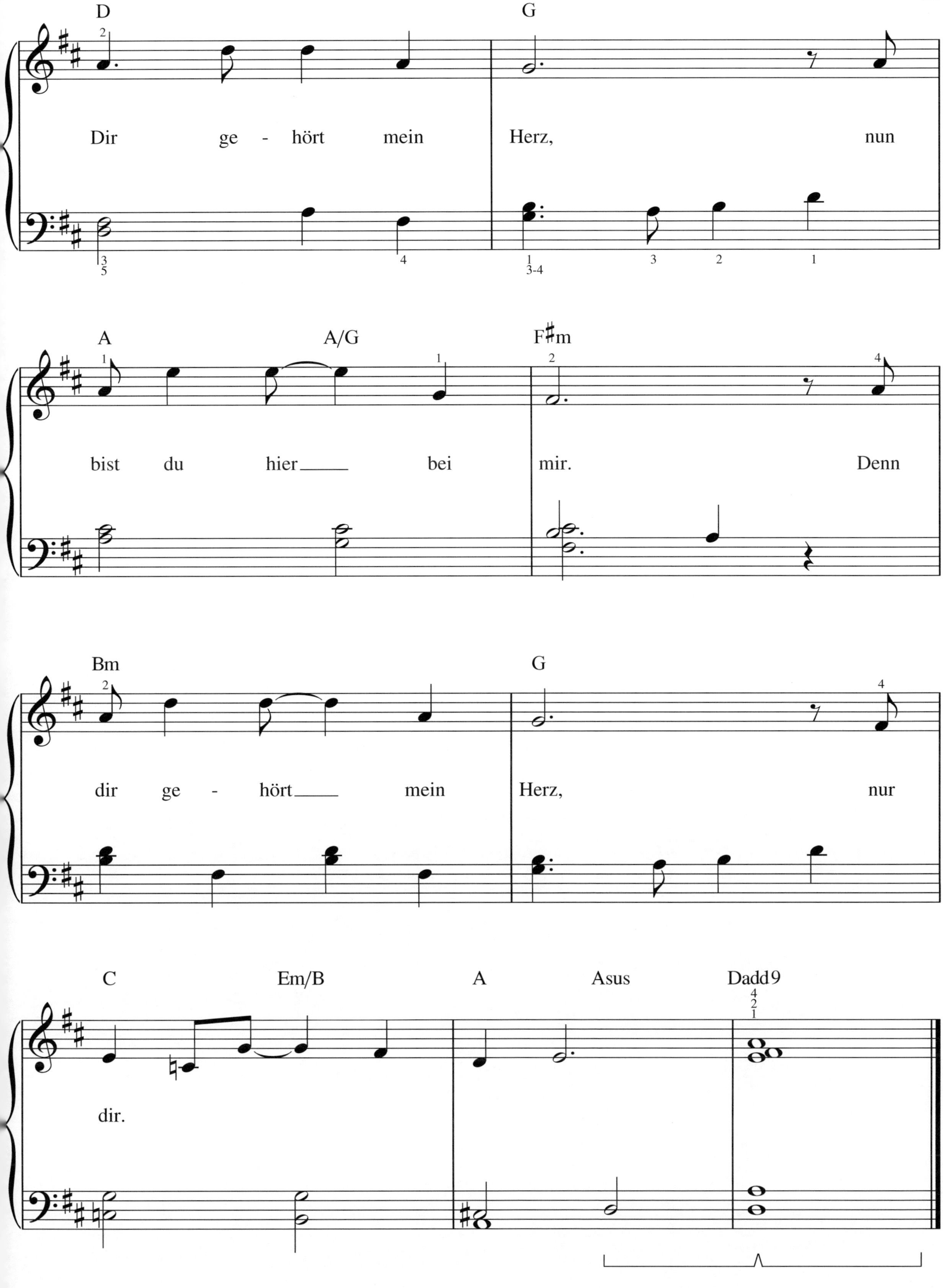
D
G
Dir ge - hört mein Herz, nun
A
A/G
F♯m
bist du hier bei mir. Denn
Bm
G
dir ge - hört mein Herz, nur
C
Em/B
A
Asus
Dadd9
dir.